大中小学思政课一体化
建设理论与实践路径探索

罗志佳 ◎著

中国书籍出版社
China Book Press

图书在版编目(CIP)数据

大中小学思政课一体化建设理论与实践路径探索 / 罗志佳著. -- 北京：中国书籍出版社, 2024.10.
ISBN 978-7-5241-0047-8

Ⅰ. G641；G633.202

中国国家版本馆CIP数据核字第2024NS6919号

大中小学思政课一体化建设理论与实践路径探索

罗志佳　著

丛书策划	谭　鹏　武　斌
责任编辑	李　新
责任印制	孙马飞　马　芝
封面设计	守正文化
出版发行	中国书籍出版社
地　　址	北京市丰台区三路居路97号（邮编：100073）
电　　话	（010）52257143（总编室）　　（010）52257140（发行部）
电子邮箱	eo@chinabp.com.cn
经　　销	全国新华书店
印　　厂	三河市德贤弘印务有限公司
开　　本	710毫米×1000毫米　1/16
字　　数	241千字
印　　张	15.25
版　　次	2025年5月第1版
印　　次	2025年5月第1次印刷
书　　号	ISBN 978-7-5241-0047-8
定　　价	98.00元

版权所有　翻印必究

目 录

第一章　思政课概述　　1
　　第一节　思政课的性质　　2
　　第二节　思政课的作用与任务　　5

第二章　大中小学思政课一体化建设的学理分析与现状　　8
　　第一节　大中小学思政课一体化建设的概念与整体认知　　9
　　第二节　大中小学思政课一体化建设取得的成就　　16
　　第三节　大中小学思政课一体化建设存在的问题及原因　　20

第三章　大中小学思政课一体化建设的学段衔接　　27
　　第一节　学段衔接的相关概念与理论基础　　28
　　第二节　大中小学思政课学段衔接的必要性与可行性　　36
　　第三节　大中小学思政课学段衔接的时代境遇　　41
　　第四节　大中小学思政课学段衔接的路径选择　　44

第四章　大中小学思政课教学内容一体化建设　　56
　　第一节　大中小学思政课内容一体化建设的发展历程与价值　　57
　　第二节　大中小学思政课教学内容确立与分层设计的依据　　65
　　第三节　大中小学思政课教学内容一体化建设的原则　　72
　　第四节　大中小学思政课教学内容一体化建设的实践路径　　76

第五章　大中小学思政课一体化的教学方法运用　87

第一节　大中小学思政课一体化主题教学　88
第二节　大中小学思政课一体化探究式教学　99
第三节　大中小学思政课一体化启发式教学　108
第四节　同课异构助推大中小学思政课教学一体化建设　114

第六章　大中小学思政课一体化的载体运用　121

第一节　思政课教学载体概述　122
第二节　大中小学思政课一体化的载体运用现状　128
第三节　大中小学思政课一体化的载体运用路径　140

第七章　大中小学思政课一体化的资源运用　152

第一节　思政课教学资源概述　153
第二节　网络教学资源在大中小学思政课一体化建设中的运用　159
第三节　VR资源在大中小学思政课一体化建设中的运用　166
第四节　大中小学思政课数字化教学资源库的建设与运用　176
第五节　大中小学思政课一体化建设中红色资源的运用　186

第八章　大中小学思政课一体化的保障体系建设　205

第一节　大中小学思政课一体化保障体系的概念与特点　206
第二节　大中小学思政课一体化保障体系建设的现实考察　208
第三节　大中小学思政课一体化保障体系建设的优化对策　218

参考文献　231

第一章 思政课概述

第一节　思政课的性质

课程的性质决定了教学设计和实施的整个过程以及课堂教学效果的优劣。自思政课创立以来，党中央、各级教育部门以及各高校都对其给予了高度重视。然而，实际的教学效果并不尽如人意。为了提升思政课的教学效果，首先需要在理论上明确思政课的性质。

关于高校思政课的性质，当前存在多样化的解读视角，尚未形成完全统一的定义框架。这些观点有的侧重于国家制度的宏观背景，如早期将其界定为"新民主主义"，后来强调其为"社会主义高等教育独特标识"；有的则聚焦于思政课的具体功能与角色，如作为"高校思想政治教育的主阵地"的马克思主义理论教育；还有观点从教学方法与有效性的提升出发，提出思政课应被视为"科学"以增进教学效果；更有的观点从课程特性出发，强调其"科学理论与意识形态辩证统一"的复杂性，以及涵盖政治性、思想性等多维度的综合性质。

然而，上述种种论述虽各有侧重，却往往未能全面而深刻地触及思政课的根本属性。综合来看，高校思政课作为国家教育体系中的重要组成部分，旨在通过系统化、理论化的课程设计，向大学生传授并内化社会主义意识形态、党的理论创新成果、国家发展路线方针政策以及社会主义核心价值观和法律法规等核心内容。这一课程体系不仅是由国家相关部委精心规划与指导的，更是党和国家意志在高等教育领域的直接体现与深入贯彻。

因此，高校思政课的本质，在于其作为党和国家意志传播与践行的关键平台，通过知识的传递、思想的启迪与价值观的塑造，培养具有坚定理想信念、深厚爱国情怀、良好道德品质及法治素养的新时代青年。这一过程，不仅是知识的传授，更是精神的培育与灵魂的塑造，确保了高等教育服务于国家发展大局，从而培养出能够担当民族复兴大任的时代新人。

第一章　思政课概述

一、思政课的设计全方位体现了党和国家的意志

自1949年以来，我国高校思政课历经多次精心调整与优化，形成了多个具有里程碑意义的课程方案。这一系列变革均在中央相关部委的统筹规划与指导下有序展开，彰显了国家对思政课的高度重视与深远考量。为强化思政课的教学与研究质量，教育部相继设立了政治理论教育司、思想政治教育司等高层管理机构，从政策层面为思政课的发展方向与要求提供战略指引。同时，各级教育行政部门也成立了相应的指导委员会，如"高等学校马克思主义理论课和思想品德课教学指导委员会"，以监督并推动思政课的深入实施与持续研究。高校内部则设立了"马列主义教研室"及"思想品德教研室"等执行机构，负责日常教学、研究及管理工作，确保思政课在各个环节的有效落实。

值得注意的是，各级思政课管理组织均在党委的坚强领导下开展工作，这不仅体现了国家对思政课管理的行政性强化，更彰显了思政课作为传播党和国家意志重要阵地的政治属性。改革开放后，为进一步提升思政课的教学效果与执行力，国家通过一系列政策与措施，如将思政课成绩作为学生升级与毕业的重要依据以及将思政课教学状况纳入学校评估与领导干部工作考核标准，显著增强了思政课管理的行政性与权威性。

在教材建设方面，从最初的自编讲义、引进苏联教材，到后来的全国统编教材制度，直至"05"方案实施后的一纲一本高度统一，每一次变革都深刻体现了党和国家对思政课教材编写的严格把控与政治导向。特别是"05"方案后，中宣部、教育部及新闻出版总署联合发文，明确教材编写的唯一性与权威性，彰显了思政课教材工作的高度政治性。

此外，为解决师资短缺与质量提升问题，党和国家还采取了一系列创新举措，包括动员党政干部参与思政课教学，这不仅有效缓解了师资紧张状况，更通过领导干部的直接参与，强化了思政课的政治引领与管理效能。

综上所述，从课程设置、管理实施、教材编写到师资队伍建设，高校思政课的设计与实施全方位体现了党和国家的意志与要求，彰显了其作为国家意识形态教育重要平台的政治性与使命感。

二、思政课承担着执行党和国家意志的任务

思政课承载着双重而重大的使命：一是培育学生在意识形态上与党和国家高度契合的接班人，二是培养他们在实际行动中有效执行党和国家方针政策的能力。这一任务的核心，在于全面深入地推进以党和国家价值体系为核心的教育工作。

党和国家的价值体系，作为意识形态的集中体现，虽随时代变迁而不断丰富发展，但其核心始终围绕思想政治基础理论与人文精神素养两大支柱。马克思主义及其中国化成果，作为我们立党立国的根本指导思想，是思政课教育不可动摇的基石。从中华人民共和国成立初期的"马克思列宁主义世界观和毛泽东思想的学习"，到"98方案"与"05方案"对马克思主义中国化理论的持续整合与深化，思政课始终致力于将这些科学理论内化为学生的精神信仰与行动指南。

同时，思政课亦高度重视人文精神素养的培育。从延安时期的艰苦奋斗、自力更生精神，到中华人民共和国成立后强调的为人民服务思想、革命人生观及国际主义精神，再到改革开放后对学生共产主义道德品质、职业素养及法律意识的全面塑造，思政课始终紧扣时代脉搏，引导学生树立正确的世界观、人生观和价值观。

作为宣传党和国家路线、方针、政策的主渠道，思政课始终保持着高度的政治敏锐性与实践性。无论是中华人民共和国成立初期的时事教育，还是社会主义改造完成后的社会主义思想教育，乃至改革开放后的真理标准讨论与四项基本原则教育，思政课始终站在时代前沿，及时传达党和国家的最新声音，引导学生认清形势、明确任务，积极投身国家建设与发展。

综上所述，思政课不仅是党和国家意识形态教育的重要阵地，更是执行党和国家意志的坚实桥梁。它通过系统的理论灌输、深刻的思想启迪与丰富的实践引导，可以培养出既具有坚定政治信仰又具备扎实实践能力的社会主义事业接班人，为实现中华民族伟大复兴的中国梦贡献力量。

第二节 思政课的作用与任务

一、思政课的作用

思政课是当前我国高校的必修课,也是高校开展思想政治工作的重要渠道。思政课具有以下作用。

(一)帮助学生树立正确的理想信念

思想政治课程采用了一系列精心设计的教学活动,以帮助学生全面、准确且科学地掌握马克思主义的科学理论体系。这一过程确保了学生们对马克思主义的理解不仅全面,而且深入,避免了片面和肤浅的解读。通过思政课的学习,学生们能够真正领会马克思主义的核心要义,建立起坚实的理论基础。同时,思政课还致力于培养学生们运用马克思主义立场、观点和方法来分析和解决实际问题的能力。这不仅有利于帮助他们掌握科学的世界观和方法论,更能为他们在未来的生活和工作中提供有力的思想武器。

在持续的学习和思考中,学生们对马克思主义的理解不断深化,进而可以在思想上形成更加坚定的信念。这种信念不仅体现在对马克思主义理论的认同上,更体现在对社会主义核心价值观的坚守和对中国特色社会主义道路的坚定信念上。通过思政课的学习,学生们能够树立起正确的理想信念,为成为有社会责任感和历史使命感的公民打下坚实的基础。

(二)促进教学任务的高效完成

思政课程的重要性不言而喻,它不仅是学生掌握知识的桥梁,更是教师深化教学理解的利器。这门课程极大地促进了教师对教学实践本质的把握以及对其内在规律的深刻理解。在这样的基础上,教师们能够更加精准地确定教学目标，满足教学需求，从而带来令人满意的教学效果。作为教学理论的重要工具与手段，思政课巧妙地运用了推演、概念迁移等多种方法，深入剖析了教学领域的复杂关系。这一过程不仅帮助我们提炼出了教学过程中的新特征与新关系，更为我们构建全新的教学范畴与理论框架提供了宝贵的思路。通过这样的努力，我们可以不断推动思想政治教育教学理论体系的完善和发展，使其更加科学、系统和全面。

（三）提高学生的思政觉悟

思政课通过其内在的逻辑层面，展现了教学过程的系统性和整体性，从而构成了教学理论的坚实基础。这门课程能够对思政理论课的教学理论进行规范，确保大学生在学习过程中能够有效提高思政觉悟，并坚定正确的政治方向。思政课的教学内容丰富多彩，实践活动形式多样，但无论其形式如何变化，都始终以马克思主义的思想、政治和价值观念为指导，确保对大学生的培养始终围绕正确的价值理念和政治方向展开。通过思政课的学习和研究探索，学生们能够更好地掌握这门课程的理论知识，从而在提高他们的思政觉悟及坚定正确的政治方向等方面发挥重要的保障作用。

二、思政课的任务

思想政治理论课就是思想政治教育的主战场，它对整个思想政治教育的成功与否起着决定性的作用。所以，搞清楚思想政治理论课要做什么，是保证思想政治教育能做好做对的关键。简单来说，现在思想政治理论课要完成的主要任务有以下几项。

（一）引领和教育学生坚定推动中国之治

中国之治是中国特色社会主义道路、制度、理论的集中体现，也是新时代中国走向世界的必然选择。思政课的首要任务是引领和教育学生深刻理解中国之治的内涵和意义，坚定推动中国之治的信心和决心。这包括倡导和践行社会主义核心价值观，培养"四有"新人，讲解历史选择的逻辑，阐述中国共产党如何将马克思主义与中国实际相结合以及马克思主义中国化的最新成果等。通过这一任务的完成，学生将更加坚定地认同中国之治，自觉地为实现中华民族伟大复兴的中国梦贡献自己的力量。

（二）引领和教育高校学生实现个人价值与社会价值辩证统一

思政课程引导学生追求个人价值的实现，强调将个人价值与社会价值紧密结合的重要性。在追求个人成长与发展的同时，学生应当密切关注社会的进步与发展，将个人的理想追求融入到国家和民族的伟大事业之中。以"思想道德修养与法律基础"课程为例，它致力于塑造学生正确的价值观念，引导他们达成个人价值与社会价值的和谐共生，鼓励他们为共产主义事业贡献自己的力量。而诸如"中国近现代史纲要"等课程，则通过带领学生回顾历史，帮助他们深刻理解个人与时代之间的紧密联系，学会在宏大的时代背景下规划和实现自己的人生目标。这些课程的学习，有助于学生更加明确地认识到自己所承担的社会责任和使命，进而促进个人价值与社会价值的有机融合。

（三）引领和教育高校学生将习近平新时代中国特色社会主义思想作为成长进步的指南

习近平新时代中国特色社会主义思想是当代中国的马克思主义，是指导新时代中国特色社会主义建设的旗帜和纲领。思政课的核心任务之一就是用这一思想来教育和引导学生成长进步。通过思政课的教育教学，学生能够更加深入地理解习近平新时代中国特色社会主义思想的内涵和意义，更加自觉地将其作为自己成长进步的行动纲领。这将有助于培养学生的爱国情怀和责任感，提高他们的思想政治素质和道德品质，为实现中华民族伟大复兴的中国梦贡献力量。

第二章　大中小学思政课一体化建设的学理分析与现状

第一节 大中小学思政课一体化建设的概念与整体认知

一、大中小学思政课一体化建设的概念分析

（一）一体化的内涵

"一体化"这一概念，在当今社会各个领域都有着广泛的应用和深入的探讨。它不仅仅是一个简单的词汇，更是一种思维方式、一种方法论，甚至是一种发展战略。在不同的语境和应用场景下，"一体化"的具体内涵和外延可能有所不同，但其核心思想始终是将多个相对独立的个体或实体融合为一个有机整体，以实现更高效、更协同的运行和发展。

从词源学的角度来看，"一体化"这一词汇的构成富有深意。在《现代汉语词典》中，"一体"被解释为一个整体，而"一体化"则是指使各自独立运作的个体组成一个紧密衔接、相互配合的整体。这种解释强调了"一体化"的结果状态，即多个独立个体通过某种方式融合成一个整体。而在牛津词典中，"一体化"（integration）主要用作名词，译为整合、一体化、结合等，它强调了不同元素之间的混合与融合，以及这种融合所带来的整体性和统一性。

在应用领域，"一体化"的广泛运用进一步丰富了其内涵。在政治领域，我们可以看到纪检监察一体化、一体化国家战略体系和能力、一体化在线政务服务平台等实践；在经济领域，经济一体化、物流一体化、管控一体化等概念也屡见不鲜；在社会管理领域，城乡社会管理一体化、环卫一体化、山水林田湖草沙一体化等理念正在逐步实施。而在教育领域，尤其是思想政治教育领域，"一体化"更是起着重要作用，如产学研一体化、班团一体化、课程一体化、德育一体化以及思政课一体化等。这些实践都表明，"一体化"

是指将有内在联系又相互独立的多个个体或实体，按照一定的方式融合为一个有机整体，以实现各个体的有效衔接和融会贯通，从而发挥更大的整体作用。

在学界，"一体化"的具体内涵虽然没有一个统一的界定，但学者们从不同角度对其进行了深入的阐释。一种观点认为，"一体化"是一种系统思维，它强调多个原来相互独立的主体重新构成一个整体，使之成为一体。这种观点将"一体化"视为一种战略性的思维方式，它要求我们在处理问题时要从整体的角度出发，将各个独立的主体看作是一个整体的一部分。另一种观点指出，"一体化"实质上蕴含着一个循序渐进的发展过程，多个相对独立的主体在共同的体系框架下，逐步实现彼此包容、有机融合、相互配合的共同体状态。该观点着重强调了"一体化"的动态发展和过程性特征，明确指出"一体化"并非一朝一夕之功，而是需要经历一个持续的融合、不断优化的演进过程。

综上所述，"一体化"的核心理念是全面且深远的。它既是思考问题的一种模式，也是实施策略和发展蓝图的一种体现。它倡导我们在面对挑战时应树立全局观念，将各个独立的个体或单元视为整体架构中的一环，并通过适宜的途径、手段或策略，促使它们相互协调、紧密配合，共同构成一个无缝对接、高效协同的有机系统。在教育领域，特别是在思想政治教育这一关键环节，"一体化"更是占据了举足轻重的地位。它强调要打破教育阶段的界限，整合多样化的教育资源，融合创新的教学方法，构建一个系统连贯、效果显著的教育生态，以培养出更多符合社会发展和时代需求的高素质人才。

（二）思政课一体化的内涵

思政课一体化是一个具有丰富内涵和深远意义的教育理念，它是为了落实立德树人的根本任务，通过采取适当的方式、方法或措施，将多个互不相同、相对独立的纵向学段以及横向主体整合为一个相互衔接、密切联系、贯通融合的有机整体。这一理念不仅体现了教育的系统性和整体性，也凸显了思政课在德育工作中的重要地位。

首先，从思政课与德育的关系来看，思政课一体化是德育一体化的具体化和深化。德育一体化内在地包含大中小学德育（课程）一体化，而思政课作为德育的重要组成部分，其一体化也是德育一体化的题中之义。这意味着，思政课一体化不仅要在不同学段之间进行纵向的整合，还要在家庭、学校、社会等横向主体之间进行一体化的构建，以形成德育的合力。

其次，思政课一体化强调整体性、阶段性和贯通性的统一。整体性是指要将不同学段、不同主体的思政课看作是一个整体，进行统一的设计和规划；阶段性则是指要尊重不同学段学生的身心发展特点和认知规律，有针对性地开展思政课教学；贯通性则是指要注重不同学段之间思政课的衔接和过渡，确保学生在整个学习过程中能够形成完整、系统的知识体系和价值观念。

最后，思政课一体化的目标是全面提升学生道德品质，培养正确的价值观念和良好的行为习惯。这一目标的实现需要依靠科学合理的课程内容分布、有序衔接的各学段教学以及构建各个学段思政课的有机整体。通过这些措施，思政课一体化能够更好地适应新时代的要求，为培养德智体美劳全面发展的社会主义建设者和接班人提供有力支撑。

（三）大中小学思政课一体化建设的内涵

大中小学思政课一体化建设这一具有深远意义和丰富内涵的教育理念源于习近平在思想政治理论课教师座谈会上的重要讲话，旨在推动大中小学思政课的改革创新，实现立德树人的根本任务。这一建设理念从宏观和微观两个层面为思政课的发展提供了全面而具体的指导。

从宏观视角审视，大中小学思政课一体化建设强调了"大思政课"理念的全局性、全员性和全过程性。这表明思政课的构建不仅应聚焦于校园内部，还应延伸至家庭和社会的全方位育人领域。同时，思政课程与课程思政需同步并进，产生协同作用，共同促进学生思想政治素养的提高。此外，学校、家庭和社会三方应联合育人，形成教育的合力，为学生营造一个优良的成长氛围。

从微观层面来看，大中小学思政课一体化建设注重各学段思政课的纵向衔接和横向贯通。在纵向上，要实现大中小学各学段思政课的螺旋上升和有效衔接，确保学生在不同学段都能够接受到连贯、系统的思政教育。同时，高校课程思政与中小学学科思政也要相对接，形成思政教育的连贯性和一致性。在横向上，要实现思政课堂教学与实践教学的同向发力，将理论知识与实践活动相结合，增强学生的思政实践能力和体验感。此外，还要实现课程目标、课程内容、教学方法和教师队伍的一体化，确保思政课的全面性和有效性。

二、大中小学思政课一体化建设的整体认知

大中小学思政课一体化建设，要求我们对各学段进行全面而细致的整体规划。这一过程中，首要任务是清晰界定并深入理解大中小学各学段思政课之间的差异性与协同性。在此基础上，我们需采取横向协作与纵向衔接并进的策略，构建起一个系统性强、连贯性好的教育框架。这种构建旨在确保思想政治教育能够跨越不同学段，实现无缝对接与持续性发展，为学生从小到大的成长过程中，提供一个连续、渐进且深入的思政教育体系。

（一）大中小学思政课一体化建设的协同差异

大中小学思政课一体化建设是一个既注重差异性又注重协同性的教育理念。在这一建设过程中，各学段思政课在保持自身独特性的同时，也需要与其他学段形成有机的联系和衔接，以实现整体的教育目标。

1. 差异性的体现

（1）课程目标的差异性

各学段思政课根据学生的身心发展和认知规律，设定了不同的课程目标。小学阶段重在启蒙道德情感，引导学生形成基本的爱党、爱国等情感；中学阶段则重在打牢思想基础，提升学生的政治素养；大学阶段则更注重培养学生的思想观念，打通育人的"最后一公里"。

（2）课程内容的差异性

各学段思政课的内容也根据学生的年龄特点和认知能力进行了有针对性的设计。小学阶段主要开设《道德与法治》课程，涵盖中国特色社会主义、品德、法律常识等内容；中学阶段则在此基础上进一步深化，注重培养学生的思维能力和行为习惯；大学阶段则更加注重理论性学习，强调习近平新时代中国特色社会主义思想进教材、进课堂、进头脑。

（3）教学方法的差异性

各学段思政课的教学方法也根据学生的实际情况进行了灵活调整。小学阶段注重通过联系生活实际、讲故事等方式开展启蒙性学习；中学阶段则注重通过体验式调查、小组讨论等方式培养学生的实践能力和思维能力；大学阶段则更注重通过案例式、探究式等教学方式，提升学生的理论素养和思辨能力。

2.协同性的体现

大中小学思政课一体化建设的协同性，是确保各学段思政课形成有机联系、实现整体教育目标的关键。这种协同性不仅体现在教育理念的统一上，更体现在具体教学实践中的相互配合与衔接。

（1）坚持党的教育方针，引领思政课建设航向

在大中小学思政课一体化建设的征途中，我们坚定不移地全面贯彻落实党的教育方针，确保思政课建设的航向始终正确。这既是对党领导地位的坚持，也是与党的创新理论同频共振的必然要求。通过高屋建瓴的顶层设计与基层学校的精准施策相结合，我们不断优化思政课的具体内容，完善教学模式和课程体系，确保思政课在立德树人的伟大事业中发挥不可替代的作用。

（2）聚焦全面发展，彰显思政课育人本色

大中小学思政课一体化建设，核心在于促进人的自由而全面的发展。我们深知，教育的目标远不止于知识的传授，更在于塑造具有高尚品德、强烈责任感、深厚爱国情怀和良好社会素养的未来公民。因此，在思政课教学中，教师既要注重提升学生的科学文化素养和创新能力，又要强化对其责任意识、爱国精神、道德素养和社会责任感的培养，力求实现学生德智体美劳的全面发展，为新时代党和国家培养能够担当民族复兴重任的时代新人贡献力量。同时，思政课教师应秉持一体化教学理念，以多元视角审视学生，因材施教，助力每一位学生自由、全面地成长。

（3）运用系统论思维，优化思政课建设布局

系统论为我们提供了审视和推进大中小学思政课一体化建设的新视角。我们认识到，思政课建设是一个复杂的系统工程，需要整体规划与阶段衔接的有机结合。小学、初中、高中及大学的思政课作为这一系统的各个组成部分，既相互独立又紧密相连。因此，在推进一体化建设过程中，要注重构建各学段之间的有机联系，形成一个协同共进的整体。同时，要强化系统思维，综合考虑各学段的教学内容和特点，进行针对性建设，确保思政课教学在不同阶段都能发挥最大效用，协同助力学生成长为有理想、有本领、有担当的新时代青年。

（二）大中小学思政课一体化建设的关系把握

大中小学思政课一体化建设立足于坚持党对思政课建设改革的全面领导，并紧密围绕立德树人这一根本任务展开。为实现这一目标，需构建一个既注重纵向贯通又强调横向配合的一体化建设体系。这一体系的核心在于，通过两个维度的协同努力——纵向的连贯性与横向的协同性，相辅相成，共同推动大中小学思政课的深度融合与合力育人。

1.把握大中小学思政课一体化建设的横向配合

在大中小学思政课一体化建设的宏伟蓝图中，横向协同机制是实现立德树人根本任务的关键桥梁。这种协同不仅体现在课堂教学与实践教学的深度融合上，还贯穿于思政课程与课程思政的相辅相成以及学校、家庭、社会三者之间的紧密合作之中。

（1）思政课课堂教学与实践教学的同向发力

针对当前思政教育中理论与实践脱节的问题，我们需大力推动课堂教学与实践教学的同频共振。这意味着要将实践教学作为思政课不可或缺的一部分，纳入各级教学计划，并建立健全的实践教学机制，确保时间、资源的合理分配。同时，鼓励创新实践教学模式，如利用国家重大事件、纪念日等契机，开展主题鲜明、形式多样的教育活动。深入挖掘本土历史文化与红色资源，建立实践教学基地，让思政课走出课堂，融入生活，使理论在实践中得到检验和深化。

第二章　大中小学思政课一体化建设的学理分析与现状

（2）思政课程与课程思政的同向同行

思政课虽是学校思政教育的主阵地，但各类课程同样蕴含着丰富的思政元素。因此，促进思政课程与课程思政的有机融合，构建全方位、多层次的思政教育体系尤为重要。这要求我们在保持各学科教学特色的基础上，深入挖掘并整合课程中的思政资源，实现知识传授与价值引领的有机结合。通过打破学科界限，促进跨学科交流与合作，使思政课程与课程思政在相互借鉴中提升育人效果，形成强大的育人合力。

（3）学校思政课与家庭社会的合力育人

要想实现立德树人这一根本任务，关键是使学校思政课程与家庭、社会形成一体化。这不仅需要学校发挥其在教书育人方面的主导作用，还应充分利用家庭在树立榜样方面的辅助功能以及社会实践在育人过程中的补充作用。具体而言，应当积极促进思政课程的显性教育与家庭隐性教育的融合，打造一个有利于成长的家庭环境，并确保家庭教育在育人过程中发挥其关键作用。此外，还应积极探索开放式的思政课程教学模式，将思政课程与学生的社会活动紧密结合，以充分展现社会实践在育人中的重要价值。通过家庭、学校和社会的共同努力，实现立德树人的"掷地有声"和"润物无声"。

2.把握大中小学思政课一体化建设的纵向贯通关系

（1）构建跨学段思政课的递进式与螺旋式发展路径

为确保大中小学思政课之间的无缝衔接与稳步提升，必须实施跨学段的系统性规划。党和国家应引领制定连贯的课程目标、课程体系及教材体系，确保各学段间既有明确的区分度，又存在内在的逻辑联系，避免内容的简单重复，激励学生持续深入探究与思考。还应构建一体化交流平台，促进教师跨学段交流与学习，依据学生成长阶段特点，灵活调整教学策略，确保教学方法的适应性与连续性，从而形成一条从基础到高阶、螺旋式上升的思政教育链条，实现教育的整体性与连贯性。

（2）强化年级间思政课的紧密衔接与动态调整

除了跨学段的衔接，年级间的思政课也应保持高度的连贯性与适应性。教师应精准把握年级间的过渡点，精心设计教学内容，确保思政课知识在不同年级间既有传承又有深化，避免基本价值观的重复灌输。同时，需明确各年级的具体教学目标，动态跟踪学生学习进展，灵活调整教学计划，以适应学生认知水平的不断提升和课程内容的深化。

（3）促进大学课程思政与中小学学科思政的无缝对接

在"课程思政"理念的引领下，应积极探索大学课程思政与中小学学科德育的有效融合路径。这要求深入挖掘并整合大学各专业课程及中小学各学科中的思政教育元素，结合各学段教学特点，制订科学合理的对接方案。还可以实施全员、全过程育人策略，广泛挖掘各级各类课程中的思政资源并率先在高校开展课程思政示范项目，以引领和带动中小学学科思政的发展。同时，强化大学与中小学之间的合作与交流，共同探索课程思政的潜力，拓展课程内容，实现思想政治教育与专业知识教育的深度融合，形成全方位、立体化的育人格局。

第二节　大中小学思政课一体化建设取得的成就

一、大中小学思政课一体化相关政策不断完善

（一）顶层设计和系统部署逐渐加强

为了落实立德树人的根本任务，党和国家逐步健全了思政课一体化建设的政策体系，加强了顶层设计和整体规划。从《关于培育和践行社会主义核心价值观的意见》等多部政策的颁布，到《中小学德育工作指南》及其实施手册的提出，都体现了对大中小学德育衔接工作的重视以及逐步实现立德树人的决心。特别是2019年学校思想政治理论课教师座谈会的召开，更是将思政课一体化建设全面纳入顶层设计，实现了立德树人落实的进一步深化。而2022年教育部印发的《关于开展大中小学思政课一体化共同体建设的通知》，则标志着大中小学思政课一体化建设进入了一个新的阶段。

（二）政策支持力度逐渐加大

随着相关政策的不断完善，政府对大中小学思政课一体化建设的保障和支持力度也在逐渐加大。一方面依据相关政策要求，不断加强工作系统部署，推动大中小学思政课一体化建设的落地实施。另一方面通过组织召开工作研讨会、聚焦统筹谋划重大主题教育进课程教材等方式，进一步推动思政课一体化建设的改革落实。同时，还研制印发了多个重大主题和课程教材指南、纲要，以增强课程教材的育人导向和育人功能。

（三）政策文件密集发布，形成完善体系

从近年来发布的一系列政策文件可以看出，大中小学思政课一体化建设的政策体系正在不断完善。这些文件涵盖了从顶层设计到具体实施、从课程建设到教师队伍、从教材编写到教学评价等多个方面，形成了一套完整的政策体系。特别是2023年教育部等13部门联合发布的《关于健全学校家庭社会协同育人机制的意见》，更是将大中小学思政课一体化建设纳入了更广泛的社会育人体系中，强调了学校、家庭、社会三方面的协同作用。这一体系的建立，为大中小学思政课一体化建设的顺利推进提供了有力的政策保障。

二、大中小学思政课一体化育人格局逐渐形成

近年来，大中小学思政课一体化建设取得了显著进展，逐渐形成了学校、家庭和社会共同参与的合力育人工作格局。这一格局的形成，不仅为学生提供了更加全面、系统的思想政治教育，也汇聚了全社会的育人合力，让"思政课"无处不在。

首先，大中小学思政课一体化建设始终坚持党的领导，这是其能够顺利推进并取得成效的关键。在党的领导下，大中小学思政课一体化建设得到了专业指导和政治保障。一方面通过成立教育部大中小学思政课一体化建设指

导委员会，加强了对思政课建设的分类指导和专业化指导，推动了新阶段思政课的高质量发展。另一方面党充分发挥其协调作用，调动各方面的积极性，共同服务于思政课建设，实现了共同发展目标。

其次，学校、家庭和社会的合力育人网络逐渐建立健全。学校作为对学生进行思想政治教育的主阵地，充分发挥了思政课的主渠道、主课堂作用。同时，家庭教育也主动协同学校教育，落实了家庭教育责任，并在学校的指导服务下提升了家庭教育的专业化水平。社会教育则不断支持服务协同育人，充分发挥了其在思政课一体化建设中必不可少的作用。广大媒体的积极参与也为思政课建设营造了良好的舆论环境和社会氛围。

在这一合力育人格局下，大中小学思政课不仅在学校教育中"茁壮成长"，也在家庭教育中"生根发芽"，更在社会各界的协助下"焕发生机"。学校、家庭和社会三方面的协同作用得到了充分发挥，共同担负起了学生成长成才的重要责任。具体来说，学校在办好讲好思政课的同时，密切联系家庭、社会，齐抓共管形成合力。一方面学校善用社会资源开展好实践教学，让学生在实践中受教育、长才干、作贡献。另一方面学校坚持课堂教学、社会实践和社会环境的多课程互动和多层面拓展，为学生提供了更加丰富、多元的学习体验。

三、大中小学思政课一体化课程建设不断推进

中小学思政课一体化课程建设正在不断推进，这一过程涉及多个层面的系统性工作和具体措施。党的二十大报告对思政教育提出了重要要求，强调了其在立德树人根本任务中的关键作用。为了实现这一目标，各级各类学校加强协作，形成了"手拉手"集体备课、"同上一堂大思政课"的工作格局，并成立了高校与中小学组成的共同体。

为了确保思政课的有效性和实效性，需要从系统思维出发，统筹推进大中小学思政课一体化建设，推动其内涵式发展。这包括从统筹系统、落实系统、保障系统等方面把握系统性以及从育人目标、课程内容、教师队伍等方

面把握规律性。此外，还需要进一步推动教学创新体系的整体性建设，解决各学段思政课教学过程中存在的实效性不足的问题。

教育部也发布了相关通知，指导各地开展大中小学思政课一体化共同体建设，明确了育人主体共同体、课程建设共同体、资源整合共同体和组织保障共同体四个方面的具体措施。同时，国家社会科学基金专门设立高校思政课研究专项，每年支持100项研究项目，以深入而扎实的科学研究推进思政课一体化建设。

在实践中，一些地方如遵义市采取了"1+1"或"1+n"模式，与红色文化资源丰富的纪念馆合作，互聘思政课教师，设计不同的教学内容和方式，激发青少年的学习兴趣。此外，还有许多高校通过课程思政平台展示优秀案例，营造共研、共建、共享的良好氛围。

总之，大中小学思政课一体化课程建设在实践中不断探索和完善，通过系统性的规划和多方面的努力，这一建设正在逐步推进，旨在培养一代又一代社会主义建设者和接班人。

四、大中小学思政课一体化教师队伍日益壮大

（一）思政课教师队伍的显著扩增与结构优化

近年来，大中小学思政课教师队伍经历了显著的扩增与结构优化进程。全国范围内，大学思政课教师队伍的壮大尤为引人注目，师生比例已圆满达成既定标准，彰显了教育资源的合理配置。这一增长不仅体现在教师总数的飞跃，更在于专职与兼职教师队伍的同步壮大，形成了一支多元化、充满活力的教学力量。专职思政课教师队伍中，高学历、年轻化的趋势愈发明显，他们带着新鲜的理念与饱满的热情，为思政课堂注入了新的生命力。同时，高校积极吸纳德才兼备的辅导员及政治素养深厚的学科专家加入思政教学行列，有效扩充了专兼职教师队伍，提升了整体教学质量。

中小学阶段，思政课教师队伍的扩张同样稳健有力。依据教育部最新数

据,小学、初中、高中各学段思政课教师数量均实现了稳步增长且均严格遵循规定标准,确保了教学资源的充足与均衡。此外,中小学还创新性地引入了外部优质资源,积极聘请本地区党政领导干部、社会科学理论界的专家学者作为特聘教师,走进校园为学生授课,这一举措不仅丰富了教学内容,也有效拓宽了兼职教师队伍的边界,为中小学思政课注入了新的活力与深度。

(二)教师培养体系的构建速度加快

为了不断扩大大中小学思政课教师队伍规模,全方位体系化的大中小学思政课教师培养体系正在加快构建。其一,通过深入实施青年马克思主义者培养工程、壮大高校马克思主义学院规模和质量、重视马克思主义理论学科等措施,不断为大中小学思政课教师队伍输送高水平人才。其二,各地组织高校与中小学结对共建,定期开展教师教学研讨、集体备课和教学交流等活动,加强了一体化培训。高校马克思主义学院发挥辐射作用,主动对接中小学思政课教师队伍,实现了"结对帮扶"。此外,资源还向中小学思政课教师倾斜,加强了中小学思政课教师培训交流。

第三节 大中小学思政课一体化建设存在的问题及原因

思政课的发展改革始终聚焦于"培养什么人、如何培养人、为谁培养人"这一核心命题,力求在理论与实践上取得突破。然而,在大中小学思政课一体化建设的征途上,我们面临着多方面的挑战,这些问题主要集中在以下几个方面。

第二章 大中小学思政课一体化建设的学理分析与现状

一、大中小学思政课一体化课程目标缺乏一定的整合性

课程目标是教学活动的行动指南,可以为课程实施提供明确的价值指向。然而,当前大中小学思政课课程目标在一体化建设上存在一定的不足,这主要体现在缺乏有效的整合和定位较为宽泛两个方面。

(一)缺乏有效的整合

大中小学各教育阶段的思政课程目标目前呈现出各自独立、缺乏统一协调的现状。具体来说,初中与高中阶段的思政课程目标在衔接上存在明显不足。在初中阶段,课程目标的设定主要围绕政治认同、道德修养等核心素养,并据此组织教学活动;然而,进入高中阶段后,课程目标则转向强调政治认同、科学精神等学科的核心素养。这一转变导致初中与高中在"核心素养"的定义上未能完全对应,从而影响了两阶段课程目标的有效衔接,给课程内容与教学的平稳过渡带来了挑战。此外,高中与大学阶段的思政课课程目标也未能实现良好的整合。当前,大学阶段的思政课尚未建立起统一的教学大纲和课程标准,其课程目标多依据相关实施方案来设定。这种设定方式与高中思政课课程目标相比,缺乏必要的连贯性,使得学生在从高中升入大学时可能会感到迷茫,难以适应新的学习要求。

(二)课程目标定位较为宽泛

在大中小学各个教育阶段,思想政治课程的目标设定普遍较为笼统,往往缺乏明确的区分度和层次性。这主要体现在课程目标的交叉和重复上。以道德修养教育为例,从小学到大学,各个阶段都旨在培养学生对责任意识和公共秩序的认识,但这些目标的表述往往过于宽泛和模糊,缺少针对不同年龄段学生的明确要求和递进关系。这种模糊的课程目标定位,使得教师在实际教学中难以确定教学的重点和难点,也难以准确评估学生的学习成效。此外,一些教师在面对这些笼统的课程目标时,可能会机械地模仿,而没有根

据学生的实际情况和各学段的特征进行具体化和细分，这进一步加剧了课程目标在实际教学中的模糊性，也使得各学段目标之间缺乏有效区分。同时，无论是过去对思想政治课程目标的具体划分，还是当前高中阶段将课程目标细分为政治认同、科学精神等，都未能对同一学段内不同年级的课程目标作出明确的规定。这导致了同一学段内不同年级的思想政治课程在目标上缺乏连贯性和递进性，难以构建起一个有效的课程体系。

二、大中小学思政课一体化课程内容缺乏一定的整体性

（一）大中小学思政课课程内容存在简单重复的情况

目前，各学段思政课课程内容存在一定程度上的重叠。以法治教育为例，从小学到大学，不同学段的思政课教材中都有关于法治教育的内容且部分内容的表述和侧重点高度相似，如都强调法律与生活紧密相关以及法律在保障未成年人合法权益方面的作用。这种简单重复不仅浪费了教学资源，还可能导致学生在学习过程中产生厌倦情绪，影响教学效果。

（二）大中小学思政课课程内容存在脱节倒置的情况

在不同学段之间，思想政治课程的内容衔接和递进性不足。具体而言，小学与初中、初中与高中、高中与大学之间的思想政治课程内容存在显著的断层。例如，小学阶段所涉及的习惯养成主题，在初中课程中并未得到延续；而初中阶段关于学生身心发展的内容，在小学阶段也缺乏相应的知识铺垫。这种内容上的脱节可能导致学生在从一个学段过渡到另一个学段时感到困惑和不适应，难以构建起一个连贯的知识体系。此外，某些课程内容的安排也存在问题，比如小学阶段的某些课程难度超过了初中阶段，这不仅与学生的认知发展规律相悖，也给教师的教学工作带来了额外的挑战。

三、大中小学思政课一体化教学方法缺乏一定的协调性

（一）教学方法单一且创新性不足

当前，大中小学思政课的教学方法普遍偏向传统，以单一的讲授法为主，缺乏足够的多样性和创新性。这种"一言堂"的教学模式限制了学生的主动参与和深度思考，降低了课堂的有效性和吸引力。在一体化建设的背景下，针对不同学段学生的特点和需求，探索和应用情景模拟、案例教学、课堂辩论等多元化教学方法的尝试尚显不足。此外，新媒体技术的融入不够深入，未能充分发挥其在教学方法创新中的潜力，限制了教学手段的现代化和教学效果的提升。

（二）实践教学与课堂教学脱节

思政课的教学不应仅限于理论知识的传授，而应更加注重理论与实践的结合。然而，目前大中小学思政课中的实践教学环节相对薄弱，缺乏以"思政"为核心的社会实践活动，或活动设计流于形式，难以达到预期的教育效果。这种实践教学与课堂教学的分离，不仅削弱了学生对思政课知识的理解和应用能力，也影响了他们对思政课价值的认同和兴趣。因此，加强实践教学与课堂教学的协调与融合，是提高思政课教学质量和效果的关键。

（三）教学方法与课程目标内容的契合度不高

思政课作为意识形态教育的重要阵地，其教学方法的选择和运用上必须紧密围绕课程目标内容展开。然而，当前部分思政课教学方法与课程目标内容的匹配度不够高，未能充分承载和体现思政课的意识形态属性和育人价值。一些教学方法虽然新颖有趣，但未能有效服务于思政课的核心目标；而另一些适应课程目标的教学方法则可能因缺乏创新性和针对性而难以发挥实效。此外，各学段教学方法之间的衔接不足也影响了思政课一体化教学的整

体效果，使得教学方法的实效性和创新性受到限制。因此，加强教学方法与课程目标内容的契合度，提高教学方法的针对性和创新性，是推进大中小学思政课一体化建设的重要任务。

四、大中小学思政课一体化教师队伍缺乏一定的联动性

大中小学思政课一体化教师队伍的联动性，是确保思政课教学效果、实现立德树人目标的关键因素。然而，从当前在实际教学过程中，我们发现大中小学思政课一体化教师队伍在联动性方面存在明显不足，这主要体现在以下几个方面。

（一）教师一体化意识淡薄，缺乏人才培养的衔接意识

1. 自觉意识缺乏

部分大中小学思政课教师的一体化意识淡薄，他们往往只关注本学段的教学任务和目标，对其他学段的教学内容和目标缺乏了解和关注。这种自觉意识的缺乏，导致教师在教学过程中缺乏全局观和长远眼光，无法为学生的持续发展提供有效的指导和帮助。

2. 教学衔接观念不强

由于一体化意识的缺乏，部分思政课教师在教学过程中缺乏对其他学段的关注和了解，导致教学衔接观念不强。他们往往只关注本学段的教学内容和目标，对前一段学生的思想状况和思政课教学效果毫不关心，也无法为后一段的教学提供有效的指导和帮助。

（二）缺乏有效的协同交流，影响教学效果和育人合力

1. 纵向各学段教师之间缺乏衔接交流

目前，不同学段之间的思政课教师缺乏有效的交流和联动，教学隔离状

态还未彻底打破。这导致教师在教学过程中缺乏对其他学段的了解和关注，无法为学生的持续发展提供有效的指导和帮助。同时，由于不同学段的教学目标、内容和方法存在差异，教师在教学过程中往往存在"各自为战"的问题，无法形成有效的教学合力。

2.横向各课程教师之间缺乏交流、联动

除了纵向各学段教师之间缺乏交流外，横向各课程教师之间也缺乏有效的交流和联动。尤其是其他课程和思政课教师之间，由于缺乏有效的沟通和协作，导致横向配合的育人效果明显不足，造成了思政课"独自作战"的情况。

3.教学和科研相对独立，缺乏整体性的交流和联动

由于当前各学段的思政课教师彼此的工作任务、工作时间、教学科研需求和标准不一致，教师在备课、授课、科研方面有自己的方式方法，很少有交流的时间和空间。这导致教师在教学和科研过程中往往处于相对独立的状态，缺乏整体性的交流和联动。这不仅影响了教师的教学效果和科研水平，也影响了思政课一体化建设的整体效果。

（三）专业化程度不够，影响教学和科研的协同开展

1.教学专业化程度有待提升

思政课教师的专业化教学水平是促进教学与科研协同发展的关键因素。但是，目前一些思政课教师的专业化教学水平尚需提高。他们在授课时常常缺乏有效的教学策略和工具，难以将教材内容通过符合学生身心发展需求和认知水平的教学方式来教授。这不仅使得学生在学习思政课程时难以掌握和吸收课程内容，也对思政课的教学成效产生了不利影响。

2.科研能力有待加强

除了教学能力方面的不足，部分思政课教师在科研能力方面也有待提高。他们在科研探索中往往展现出较低的创新性和实践应用能力，难以将研究成果有效转化为教学实践。这种现状导致了思政课的教学内容和方法在创新性和实践性上的欠缺，进而难以满足学生日益增长的学习需求和个人发展需求。

（四）学校教育部门提供的交流平台与一体化教师队伍的需求不匹配

1.交流平台具有局限性

在推进思政课程一体化建设的过程中，尽管教育部门已经设立了一些交流平台，但这些平台的数量有限且覆盖范围狭窄。这限制了部分思政课教师参与交流活动的机会，也阻碍了他们与其他学段教师之间有效沟通与合作的实现。

2.交流机会匮乏

除了交流平台的局限性，教育部门提供的交流机会同样不足。鉴于不同学段思政课教师在教学和科研方面任务繁重，他们通常缺乏足够的时间和精力参与交流活动。这不仅限制了教师间交流与协作的机会，也妨碍了形成有效的教学与科研协同效应。

3.交流平台与需求不匹配

教育部门所提供的交流平台往往未能满足一体化教师队伍的实际需求，这导致教师在参与交流活动时难以获取有效的信息和资源支持，无法满足他们的具体需求和发展愿望。这种情况进一步影响了教师间的交流与协作效果，对思政课程一体化建设的整体成效产生了不利影响。

第三章　大中小学思政课一体化建设的学段衔接

第一节　学段衔接的相关概念与理论基础

一、学段衔接

"衔接"一词在《现代汉语词典》里的解释是"事物相连接"。[①]学段衔接，是指不同教育阶段之间（如小学、初中、高中、大学）在教学内容、方法、学习态度及评价等方面的平稳过渡与有机整合。它要求各学段之间在知识结构和能力培养上形成连贯性，避免重复或脱节。例如，在数学学科中，初中阶段注重基础知识的掌握和计算能力的培养，而高中阶段则注重对数学概念和定理的理解和应用。

随着学生认知与自主学习能力的提升，教学策略亦需作出相应调整。初中教育主要聚焦于知识传授与基础技能的培养，而高中教育则转向强化学生的创新思维与问题解决技能。学段衔接重点在于引导学生确立正确的学习观念，激发学习热情与动力，确立清晰的学习目标，制订切实可行的学习计划，并培育自我管理与自我调节的能力。在评价体系方面，亦需进行调整与革新，降低对记忆能力的过度重视，转而关注学生全面能力的评估，同时激励创新思维与实践技能的发展。

大中小学思政课一体化建设是指针对不同学段的教材体系、内容布局、教师队伍、授课方法、评价机制等进行一体化构建，实现学段与学段之间的有效衔接。其内涵主要包括：

第一，构建螺旋上升的课程目标体系，确保各学段思政课内容既各有侧重又相互衔接。例如，小学阶段重在启蒙道德情感，中学阶段重在打牢思想道德基础，大学阶段重在增强学生使命担当。

---

① 中国社会科学院语言研究所词典编辑室.现代汉语词典[M].北京：商务印书馆，2016：1009.

第二，加强思政课教师队伍的建设，提升教师的专业能力和综合素质。通过集体备课、联合教研、资源共享等方式，促进各学段思政课教师的交流与合作。

第三，探索多样化的思政课教学方法，如情景式教学、互动式合作、体验式学习等，结合文本、图像、视频、动画等多媒体手段，提高教学的吸引力和实效性。

第四，充分利用思政课教学实践基地，组织开展多样化实践活动，将思政小课堂融入社会大课堂。通过实践活动加深学生对思政课内容的理解和认同。

第五，建立包含教学体系、教材体系、学科体系、管理体系在内的质量评价标准体系，确保各学段思想政治教育活动开展的制度化、规范化、程序化。同时，注重对学生综合素质的评价，鼓励创新思维和实践能力。

二、大中小学思政课学段衔接的理论基础

（一）马克思主义的"整体观"

马克思主义经典作家的整体观主要体现在对物质世界、社会现象以及个体发展的全面、系统、动态的理解上。这一整体观不仅是马克思主义理论的重要基石，也是指导我们认识和改造世界的重要方法论。

1.物质世界的整体性

马克思主义经典作家认为，物质世界是一个有机统一的整体，万物都是这个整体的部分，不能孤立地存在，也不能与整体分离。恩格斯曾指出："当我们通过思维来考察自然界或人类历史或我们自己的精神活动的时候，首先呈现在我们眼前的，是一幅由种种联系和相互作用无穷无尽地交织起来的画面。"这句话深刻地揭示了物质世界的普遍联系性和整体性。在马克思主义看来，自然界、人类社会和思维领域都是一个相互联系、相互作用的整体，它们之间存在着复杂的内在关系和运动规律。

2.社会现象的整体性

马克思主义经典作家还强调社会现象的整体性。他们认为，社会是由各种要素和关系构成的有机整体，其中经济基础决定上层建筑，上层建筑又反作用于经济基础。这种相互作用和制约的关系构成了社会的整体结构和运动规律。因此，在研究社会现象时，必须运用整体性的方法，从全局和长远的角度来把握社会发展的规律和趋势。

3.个体发展的整体性

马克思主义的经典作家们主张，人的发展是一个多维度且复杂的进程，涵盖了生理、心理和社会等多个领域。在这一进程中，个体的各项能力与素质彼此关联、相互推动，不应被孤立地审视或培养。因此，在教育和塑造个体时，必须重视人的全面发展之整体性，致力于推动个体在各方面能力与素质上的均衡进步。

4.整体观在马克思主义理论中的应用

马克思主义经典作家的整体观深深植根于马克思主义理论之中，并在此框架下广泛运用。具体而言，在马克思主义哲学的层面上，整体观体现为对自然界、人类社会及思维领域的全面审视与深刻洞察；在马克思主义政治经济学的视角里，整体观则表现为对经济基础与上层建筑间错综复杂、相互作用的深刻剖析；在科学社会主义理论方面，整体观则贯穿于对社会主义建设与发展过程中各类因素及相互关系的全面规划与协调之中。

5.整体观的现实意义

马克思主义经典作家的整体性思维框架为我们深刻理解和积极改造世界提供了宝贵的现实指引。它强调，在纷繁复杂的社会变迁与个人成长的交织中，应秉持全局性的视野与长远的战略眼光，致力于从整体性视角洞悉事物的内在本质与运行规律。这一思维范式不仅促使我们超越表面现象，深入事物的核心，还鼓励人们在行动前进行全面考量，确保决策与行动能够兼顾各方、统筹兼顾。尤为重要的是，整体性思维在指导实践时，强调协调与平衡的艺术，倡导在追求社会进步的过程中充分尊重并妥善处理不同利益主体之间的关系，力求实现社会的和谐共生与可持续发展的良性循环。它提醒我们，任何发展举措都需放置于更广阔的由社会、经济、环境等多元因素构成的框架中审视，确保发展的成果能够惠及全体人民，促进人与自然、人与社会的和谐统一。

大中小学思政课学段衔接要求将不同学段的教学视为一个统一、连贯的过程,注重各阶段教学内容、方法和目标的内在联系和逻辑顺序。例如,小学阶段可以侧重培养学生的基本道德观念和情感,中学阶段则在此基础上深化理论知识,大学阶段则进一步强调社会实践和理论创新,形成一个由浅入深、由易到难的整体教学体系。

(二)维果茨基"最近发展区"学习理论

1.最近发展区的定义及其意义

维果茨基提出的"最近发展区"理论,为思政课在不同学段间的有效衔接提供了理论支撑。它指出,学生存在两种发展水平:一是当前独立解决问题的能力水平,即现有发展水平;二是潜在的、在适当指导下可达到的更高水平,即可能达到的发展水平。这两者之间的差距,正是教育的关键所在——最近发展区。在思政课学段衔接中,教师应精准把握学生的这一区域,通过精心设计的教学活动,引导学生跨越这一区域,实现认知与情感的双重飞跃。

2.最近发展区在思政实践教学中的作用

在思政课教学中,最近发展区的作用尤为显著。首先,它激励学生发展。通过设定略高于学生现有能力水平的任务,激发学生的挑战欲和求知欲,促使他们在解决问题的过程中不断超越自我。其次,它指导教学策略。教师需依据学生的最近发展区,调整教学内容与方法,确保教学内容既不因为过于简单而导致学生失去兴趣,也不因为过于复杂而使学生望而生畏。通过恰到好处的挑战与支持,帮助学生逐步构建和完善自己的知识体系与价值观念。

3.教学与发展的关系及其动态性

维果茨基强调"教学应走在发展前面",这一观点在思政课学段衔接中尤为重要。随着学生年龄的增长和知识的积累,其最近发展区也在不断变化。因此,教师需紧跟学生发展的步伐,不断调整教学策略,确保教学始终能够激发学生的潜能,促进其全面发展。同时,教师还应关注学习的最佳期，把握学生接受新知识、新观念的最佳时机，以取得最佳的教学效果。在思政课学段衔接过程中，这种动态调整与把握显得尤为重要。

4. 基于最近发展区理论的教学应用方法

为了更好地实现思政课学段间的有效衔接，教师可采取以下基于最近发展区理论的教学策略：

（1）支架式教学。在思政课教学中，教师为学生搭建学习支架，如提供背景资料、引导性问题等，帮助学生逐步深入探究思政课内容。随着学生理解能力的增强，教师逐渐减少支架，直至学生能够独立分析和解决问题。

（2）交互式教学。通过师生间的互动对话、学生间的合作讨论等方式，促进学生对思政课内容的深入理解和思考。在互动过程中，教师不仅传授知识，更重要的是引导学生学会如何思考、如何判断。

（3）情境式教学。创设贴近学生生活、具有时代感的思政课教学情境，让学生在真实或模拟的情境中感受思政课的魅力与价值。通过情境教学，增强学生的情感体验和社会责任感。

（4）合作学习。组织学生开展小组合作学习活动，通过分工合作、共同探究等方式完成学习任务。在合作过程中，培养学生的团队精神、沟通能力和解决问题的能力。同时，通过小组成员间的相互启发和补充，促进学生的全面发展。

（三）奥苏贝尔"有意义学习"理论

1. 奥苏贝尔"有意义学习"理论的定义与实质

有意义学习是奥苏贝尔提出的与机械学习相对的概念，它强调的是符号所代表的新知识与学习者认知结构中已有的适当观念之间建立非人为的（非任意性）和实质性的（非字面的）联系的过程。这种联系的建立不是简单的字面联系，而是基于知识内在逻辑和结构的深层联系。通过这种联系，新知识能被有效地纳入学生的认知结构中，与其已有的知识体系相融合，成为学生知识体系的一部分。有意义学习的实质在于，它要求学生能够积极主动地在新知识与已有知识之间建立联系，从而理解新知识的意义，并将其纳入自己的认知体系中。

2.有意义学习的条件及其重要性

奥苏贝尔认为，要进行有意义学习，必须具备三个前提条件：学习材料本身必须具备逻辑意义，即与人类学习能力范围内的有关观念可以建立非人为性和实质性的联系；学习者必须具有有意义学习的心向，即积极主动地在新知识与已有适当观念之间建立联系的倾向性；学习者认知结构中必须具有适当的知识，即已有的认知结构中必须包含与新知识建立联系所必需的适当观念。这三个条件相互关联，共同构成了有意义学习的基础。只有当学习材料具有逻辑意义、学习者具有有意义学习的心向并且其认知结构中包含与新知识建立联系所必需的适当观念时，有意义学习才能发生。这些条件的满足对于学生的学习效果具有至关重要的影响。如果学习材料缺乏逻辑意义，或者学习者缺乏有意义学习的心向，或者其认知结构中缺乏与新知识建立联系所必需的适当观念，那么有意义学习就无法实现，学生的学习效果也会受到严重影响。

3.有意义学习的类型及其特点

奥苏贝尔将有意义学习细致地划分为三个维度：表征学习（亦称符号学习或代表学习）、概念学习以及命题学习。在这一分类体系中，表征学习构成了学习的基础层次，其核心在于学习者掌握特定符号或符号组合所承载的事物意义与内涵。以"狗"字的学习为例，学生需理解这一汉字如何指代并代表现实世界中狗的概念，这便是表征学习的典型体现。

概念学习要求学生能够识别并把握某一类事物的共同核心特征或本质属性，进而将这些具有相似特征的事物归入同一概念范畴之下。这一过程不仅加深了学生对个别事物的理解，还促进了他们对更广泛知识体系的建构与应用能力。

命题学习，侧重于学生对以命题形式表述的新观念或新知识点的掌握。在命题学习中，学生不仅需要理解命题中涉及的各个独立概念，还需明确这些概念之间的逻辑关系与相互作用，从而完整把握命题所传达的深层意义。这一层次的学习要求学生具备较强的逻辑思维能力和综合分析能力。

尽管这三种学习类型各有侧重，但它们共同指向了一个核心原则，即学习者必须主动地将新知识与自身已有的认知结构相融合，建立起有意义的联系。这种积极主动的建构过程，是实现有意义学习的关键所在，它促使学生在不断探索与理解中，逐步丰富和完善自己的知识体系。

4.有意义学习的原则、策略及应用

奥苏贝尔还提出了有意义学习的两个重要原则和一种策略：逐渐分化原则、整合协作原则和先行组织者策略。逐渐分化原则指导教师应先教授最广泛、最基础的概念，再逐步细化；整合协作原则强调对现有知识的重新组合与协调，以促进知识的进一步分化与整合；先行组织者策略用于在学习主要内容之前给学生提供有意准备好的、略微概括的、抽象的内容，帮助学生更好地理解和组织新知识，促进其有意义学习。这些原则和策略在实际教学中具有重要的应用价值。教师可以根据这些原则和策略来设计教学活动和教材，以提高学生的学习效果。例如，教师可以按照逐渐分化的原则来组织教学内容，先传授一般性的知识，然后逐渐引入具体的细节和例子；同时，教师也可以利用先行组织者策略来引导学生进入新的学习主题，帮助他们建立新旧知识之间的联系。

在思政课学段衔接中，教师在设计教学内容时，注重与学生已有知识和经验的联系，促进知识的内化和迁移。例如，在高中阶段，教师可以通过引导学生回顾初中阶段学过的相关理论知识并结合当前社会实际进行深入分析，帮助学生构建更加完整、系统的知识体系。

（四）罗杰斯"有意义学习"理论

罗杰斯的"有意义学习"理论是人本主义心理学在教育领域的重要应用，它深刻地揭示了学习时应如何关注学习者的个人意义、情感体验和全面发展。以下是对罗杰斯"有意义学习"理论的详细阐述。

1.有意义学习的定义与内涵

罗杰斯认为，有意义学习是指一种使个体的行为、态度、个性以及在未来选择行为方针时发生重大变化的学习。这种学习不仅涉及知识的增长，更重要的是，它与个体的各部分经验都紧密融合在一起，能够深刻地影响学习者的态度、认知、情感、行为和生活。与无意义学习相比，有意义学习是一种全人投入、个人深入参与的学习过程。它遵循集体评价的逻辑，具有深厚的个人意义。在这种学习中，学习者不仅仅是接受信息，更是将信息与自己的经验、情感和价值观相融合，从而形成独特的理解和见解。

2. 有意义学习的特点及其重要性

罗杰斯的有意义学习理论，以其独特的视角和深刻的内涵，为教育领域带来了一场深刻的变革。这一理论的核心特点及其重要性，主要体现在以下几个方面：

第一，全人参与与深度投入。有意义学习强调学习者的全身心投入，不仅涉及认知层面的理解与记忆，更触及情感、态度及价值观的共鸣。这种全人的参与模式，促使学习过程更加深入且富有生命力，使知识不再是冷冰冰的信息堆砌，而是与个体经验紧密相连的鲜活存在。

第二，内在驱动与自我激励。与外在压力推动的学习不同，有意义学习源自学习者内在的好奇心、求知欲及自我实现的渴望。这种自我发起的动力，使学习成为一种主动探索而非被动接受的过程，极大地提高了学习的积极性和持久性。

第三，个性化意义构建。罗杰斯认为，学习不仅仅是知识的积累，更是个人意义的创造过程。学习者在吸收新知的同时，会将其与自身经历、情感及价值观相融合，形成具有个人特色的理解和解释。这种个性化的意义构建，不仅丰富了学习者的认知结构，也促进了其个性的成熟与发展。

第四，渗透性影响与促进人格成长。有意义学习的影响深远且广泛，它不仅仅停留在知识层面，更渗透到学习者的行为模式、价值观念乃至人格特质之中。通过不断地学习与反思，学习者能够逐渐完善自我认知，调整行为方式，实现全面的个人成长。

第五，自我评价与责任学习。在有意义学习中，学习者成为自己学习过程的评价者。他们根据自己的学习体验、成就感和满足感来评估学习效果，这种自我评价机制促进了学习者的自我反思和自我调节能力的发展。同时，它也使学习成为一种负责任的行为，学习者对自己的学习成果负责，更加珍视每一次学习的机会。

这些特点共同作用使得有意义学习成为一种具有深远影响的学习方式，它不仅能够促进学习者的知识增长，更能够推动其全面发展。

3. 有意义学习理论对教育实践的影响与启示

罗杰斯提出的"有意义学习"理论对教育实践产生了深远的影响。该理论的核心在于以学生为中心的教学模式,强调尊重和重视学生的个性及内在需求,使他们积极地参与学习并承担相应的责任。这一理论促进了教育方法的革新,催生了诸如合作学习、探究学习等新型教学模式,这些模式能够有效激发学生的潜能和兴趣,推动其全面成长。

罗杰斯的理论向教育从业者传达了关注学生情感体验和心理健康的重要性,强调创建一个充满支持和鼓励的学习环境有助于降低学生的焦虑水平并增强他们的自信心,使其更加自信地投身于学习之中。此外,罗杰斯的有意义学习理论突出强调培养学生自我评价和自我发展能力的重要性,这有助于学生更清晰地认识自己的学习需求和目标,从而更加独立地规划自己的学习路径。罗杰斯的"有意义学习"理论中的自我发展能力对学生未来的成长和进步具有重要的长远意义。

在思政课学段衔接过程中,教师应继续秉承以学生为中心的教学理念,关注学生的兴趣与需求,营造开放且互动性强的学习氛围。在大学阶段,教师可尝试引入辩论、案例分析等多样化的教学手段,让学生在实践中深化对思政知识的理解与应用,进而激发他们的学习热情与责任感。

第二节 大中小学思政课学段衔接的必要性与可行性

一、大中小学思政课学段衔接的必要性

在推进我国教育事业全面发展的进程中,大中小学思政课学段衔接的重要性日益凸显。这一衔接不仅是完成课程根本任务的必然要求,也是培育时代新人的现实需求。

（一）完成课程根本任务的必然要求

1.立德树人的核心使命

立德树人是教育的根本任务，也是思政课的核心使命。大中小学思政课作为落实立德树人根本任务的关键课程，其学段间的有效衔接对于实现这一目标至关重要。通过学段衔接，能够确保思政课在不同教育阶段的内容、目标和方法上形成有机统一，避免重复教学和知识断层，从而全面、系统地培养学生的道德品质、政治素养和社会责任感。

2.系统性与连续性的保障

思政课作为一门贯穿大中小学各阶段的课程，其系统性和连续性是保证教学效果的关键。学段衔接能够确保思政课在不同学段之间形成无缝对接，使得学生在不同学习阶段都能获得连贯、递进的知识体系。这种系统性和连续性不仅有助于加深学生对思政课内容的理解和把握，更能促进他们将所学知识内化为自身的思想观念和道德行为。

3.教育资源的优化配置

借助精心策划和科学规划，能够为不同学段量身打造思政课程内容与教学方法，有效规避教育资源的冗余与重复投入。同时，学段间的顺畅衔接也促进了教育资源的跨阶段共享与深度合作，显著提升了教育资源的利用效率与质量标准。

（二）时代新人培育的现实要求

1.适应社会发展需求

随着社会的快速发展和变革，对人才的需求也在不断发生变化。新时代需要培养的是德智体美劳全面发展的社会主义建设者和接班人。大中小学思政课学段衔接能够确保学生在不同学习阶段都能接受到符合时代要求的思政教育内容和方法，从而培养出具备高尚品德、坚定信念、扎实学识和创新能力的新时代人才。

2.应对复杂国际形势

在当前国际局势的复杂多变背景下，众多思潮与价值观相互碰撞。实施学段衔接，可以让学生在各个学习阶段均能接受连贯的思政教育，有助于他们树立正确的世界观、人生观和价值观。这一举措能够使我国的青年团体在面对纷繁复杂的国际环境时保持清晰的思维和坚定的立场，为国家和民族的进步贡献力量。

3.促进学生全面发展

通过实施学段衔接策略，可以保障学生在各个学习阶段均能获得全面成长的机会与条件。小学时期，我们着重培养学生的道德情操与基本认知能力；进入初中后，则增强学生的政治认同感与社会责任感教育；到了高中阶段，进一步深化学生的政治素养与法治意识；而在大学阶段，则侧重于提升学生的理论水平与实践能力。这种分阶段、逐步深入、螺旋式提升的培养方式，有助于学生实现全面发展，从而有助于将他们培养成具备德智体美劳综合素质的社会主义建设者和接班人。

4.增强思政课的针对性和实效性

通过学段间的有效衔接，思政课程能够更紧密地与学生的日常生活和学习需求相结合，教学方法也更加贴合学生的认知和心理特点。这样的调整将极大地激发学生的学习兴趣和动力，提高他们对思政课程的认可度和参与度。同时，学段衔接能促进思政课程与其他学科之间的交叉融合，实现知识的相互渗透与补充，以提升思政课程的针对性和实效性。

二、大中小学思政课学段衔接的可行性

在深入探讨大中小学思政课学段衔接的必要性之后，我们进一步分析其可行性。思政课育人的整体性、课程目标的持续性以及课程内容的递进性，共同构成了学段衔接的坚实基础。以下是对这三个方面的详细阐述。

（一）思政课育人的整体性

思政课作为学校德育工作的主渠道，具有育人的整体性特点。这一特点

第三章　大中小学思政课一体化建设的学段衔接

为学段衔接提供了可能性和基础。

1. 德育功能的贯通性

大中小学思政课在德育功能上具有贯通性，无论是小学阶段还是大学阶段，思政课都承担着培养学生道德品质、政治素养和社会责任感的重要任务。这种德育功能的贯通性使得不同学段的思政课在育人目标上保持一致，为学段衔接提供了前提。

2. 学生发展的连续性

学生发展是一个连续的过程，不同学段的学生在认知、情感、价值观等方面都存在一定的连续性。思政课作为伴随学生成长的重要课程，其教学内容和方法也应考虑学生的这种连续性发展。因此，学段衔接成为满足学生发展需求、实现思政课育人整体性的必然选择。

3. 教育理念的统一性

大中小学思政课在教育理念上应保持统一性，这种统一性不仅体现在对德育工作的重视上，还体现在对学生主体地位的尊重、对教学方法的创新等方面。教育理念的统一性为学段衔接提供了思想基础，使得不同学段的思政课能够在共同的教育理念指导下实现有效衔接。

（二）课程目标的持续性

课程目标的持续性是学段衔接的重要支撑。大中小学思政课在课程目标上应保持一定的持续性和递进性，以确保学生在不同学段都能够获得相应的发展。

1. 政治认同的逐步深化

政治认同是思政课的重要目标之一。在小学阶段，学生开始接触基本的政治常识和道德规范；在初中阶段，学生逐渐形成对国家和社会的初步认识；在高中阶段，学生进一步深化对政治制度的理解和认同；在大学阶段，学生则更加注重政治素养的提升和政治参与能力的培养。这种政治认同的逐步深化体现了课程目标的持续性。

2. 价值观念的逐步塑造

不同学段的学生在价值观念上存在差异，因此思政课需要根据学生的实际情况进行有针对性的教学。通过学段衔接，可以确保学生在不同学段都能够接受到符合其认知水平和发展需求的价值观念教育，从而实现价值观念的逐步塑造。

3.社会责任感的逐步增强

通过学段衔接，可以使学生在不同学段都能够逐步增强社会责任感。在小学阶段，学生开始培养基本的道德责任感；在初中阶段，学生逐渐关注社会问题和公共事务；在高中阶段，学生积极参与社会实践活动并承担一定的社会责任；在大学阶段，学生则更加注重将所学知识应用于社会实践并为社会作出贡献。

（三）课程内容的递进性

课程内容的递进性是学段衔接的核心。大中小学思政课在课程内容上应保持一定的递进性，以确保学生在不同学段都能够获得相应的发展。

1.知识体系的逐步构建

大中小学思政课在知识体系上应保持逐步构建的特点。小学阶段应注重基础知识的传授和道德规范的养成；初中阶段应在此基础上进一步深化学生对政治、经济、文化等方面的认识；高中阶段则应更加注重学生政治素养和法治意识的培养；大学阶段则应注重提升学生的理论素养和实践能力。这种知识体系的逐步构建体现了课程内容的递进性。

2.思维能力的逐步提升

思政课不仅要传授知识，还要培养学生的思维能力。通过学段衔接，可以使学生在不同学段都能够逐步提升思维能力。在小学阶段，学生开始培养基本的逻辑思维和判断能力；在初中阶段，学生逐渐学会运用所学知识进行分析和推理；在高中阶段，学生则更加注重培养批判性思维和创新能力；在大学阶段，学生则更加注重培养独立思考和解决问题的能力。

3.实践能力的逐步增强

实践能力的培养是思政课的重要任务之一。通过学段衔接，可以使学生在不同学段都能够逐步增强实践能力。在小学阶段，学生开始参与简单的社会实践活动；在初中阶段，学生逐渐参与更加复杂的社会调查和志愿服务等活动；在高中阶段，学生则更加注重将所学知识应用于实际问题的解决中；在大学阶段，学生则更加注重通过社会实践和创新创业等活动提升自己的实践能力。

第三节　大中小学思政课学段衔接的时代境遇

一、大中小学思政课学段衔接存在的问题

大中小学思政课的学段衔接是教育过程中的一个重要环节，它关乎学生思想政治教育的连续性和整体性。然而，在实际操作中，这一环节却面临着诸多挑战和问题。

（一）缺乏统一组织协调

在政策层面，尽管国家已高度重视大中小学思政课的重要性，但在具体学段衔接的政策设计与执行层面，仍存在显著短板，缺乏具体而明确的政策指引和支持。这直接导致了各学段在思政课教学内容与目标上的衔接不畅，课程内容与难度在不同学段间出现较大跳跃和断层。此外，管理机制的不健全也是学段衔接受阻的重要原因之一。大中小学间缺乏一个整合性的管理机制来协调思政课的学段衔接，各学段往往独立设定课程，缺乏整体规划与连贯性。同时，资源分配的不均衡也加剧了学段衔接的复杂性。部分学校资源丰富、师资力量雄厚，而也有部分学校则资源匮乏，这种差异进一步影响了各学段的教学质量和衔接效果。

（二）校际信息不对称

在课程信息的管理上，各学校间关于思政课程的教学内容、教学目标以及教学方法等方面的交流与沟通显得尤为不足，这直接导致了课程信息的不透明。这种状况使学生在跨学段转学时，面对新的思政课程内容和教学方式的转变感到难以适应，从而影响了思政教育的连续性和系统性。此外，学生信息的不共享也成了学段衔接障碍的重要因素。由于学校之间信息的封闭性，学生在不同学段的思政学习状况与表现难以实现有效的交流与传递。这不仅使得教师难以全面了解学生的学习情况，难以制订符合学生需求的教学方案，也加剧了学段衔接的困难。同时，评价体系的不统一也进一步增加了学段衔接的复杂性。各学校在思政课程的评价标准和方式上存在差异，使得学生在不同学段的思政学习成果难以得到客观、一致的评价，这不仅影响了思政教育的连贯性，也给教师的学段衔接工作带来了额外的挑战。

（三）教师学段衔接意识淡薄

教师对学段衔接意识的淡薄，亦是造成大中小学思政课程衔接不顺畅的关键因素之一。部分教师可能未充分认识到大中小学思政课程衔接的重要性，将其视为仅限于学校管理层的事务，而与个人教学活动关联不大。这种观念的存在，使得教师在日常教学中往往忽视了学段衔接的重要性，缺乏主动性和积极性去研究和实施有效的衔接方法和策略。此外，一些教师长期专注于某一特定学段的思政教学，对其他学段的教学情况了解不足，缺乏相应的经验积累。面对学段衔接的挑战时，他们可能感到力不从心或不知所措，缺少进行学段衔接的教学经验和能力。这些因素共同作用，导致教师在学段衔接工作中表现出被动和消极的态度，进而影响了学段衔接的成效和品质。

二、大中小学思政课学段衔接存在问题的成因

（一）教育主管部门的顶层设计不健全

教育主管部门在思政课学段衔接方面的顶层设计不健全，是导致衔接问题的重要原因。具体来说，教育主管部门在制定思政课课程标准和教学大纲时，未能充分考虑不同学段之间的衔接问题，导致各学段在教学内容、教学目标和教学方法上存在差异和断层。同时，缺乏针对思政课学段衔接的专门政策和指导，使得学校和教师在实际操作中缺乏明确的依据和指导。此外，教育主管部门在思政课学段衔接方面的监管和评估机制也不完善，未能及时发现和解决衔接过程中存在的问题。

（二）校际存在人为隔阂，缺乏对接平台

由于各学校之间缺乏有效的沟通和交流机制，导致校际在课程设置、教学方法、学生评价等方面存在差异和隔阂。这种隔阂不仅影响了学生思想政治教育的连续性和整体性，也给教师的学段衔接工作带来了困扰和挑战。同时，缺乏对接平台也是导致校际信息不对称和难以衔接的重要原因。各学校之间缺乏有效的信息共享和传递机制，导致学生在不同学段的思政学习情况和表现难以得到有效的共享和传递。

（三）思政课教师队伍学段衔接的能力与意识有待提升

一些思政课教师可能因长期专注于某一学段的教学，而对其他学段的教学情况知之甚少，缺乏跨学段的经验积累。当面对学段间的衔接挑战时，他们可能会感到迷茫或无助，缺乏必要的学段衔接教学经验和能力。同时，部分思政课教师可能并未充分认识到学段衔接工作的重要性，错误地认为这只是学校管理层的职责，与自身的教学工作关系不大。这种观念的存在，使得教师在教学实践中往往忽略了学段衔接的关键性，缺乏主动探索和实践学段

衔接有效方法的动力和热情。

　　这些问题相互交织，共同导致了思政课学段衔接的困难和挑战。因此，需要从教育主管部门、校际合作以及教师队伍等多个方面入手，全面推进大中小学思政课学段衔接工作的改进和优化。

第四节　大中小学思政课学段衔接的路径选择

一、加强顶层设计，为学段衔接提供制度保障

　　为推动大中小学思政课的学段衔接，我们必须从顶层设计上入手，为学段衔接提供坚实的制度保障。这不仅需要教育者的努力，更需要各相关部门的紧密合作与共同努力。

（一）强化政策转化落地，完善管理制度配套

　　要细化政策实施方案，确保政策在各学段的适应性和可操作性。针对小学、初中、高中和大学等不同学段的特点，要制订具体的政策转化方案，明确各级教育主管部门、学校和教师在政策转化中的角色和责任。同时，还需要完善与学段衔接相关的管理制度，如教学计划、课程设置、教材选用等，确保政策的顺利执行。还要建立健全各高校和教育局的管理制度，加强对政策执行情况的监督和评估，确保政策的有效实施。

（二）建立统一领导的协同机制

　　在学段衔接工作中，需要建立统一领导的协同机制，确保各方之间的紧

密合作和有效沟通。为此，可定期组织教育主管部门、高校马克思主义学院、学校之间的沟通交流会议，共同商讨学段衔接工作的进展和问题，并寻求解决方案。同时，发挥党委在学段衔接工作中的领导作用，制订党委领导下的学段衔接工作方案，明确工作目标和任务，并加强党委对学段衔接工作的监督和指导。此外，还可依托政府管理部门，共同推进学段衔接工作，发挥政府在资源配置、政策引导等方面的作用，为学段衔接工作提供有力支持。

（三）建立经费保障、绩效导向机制

1.建立经费保障制度

各地区应根据当地经济发展水平和教育投入实际，为思政课学段衔接工作设立专项经费，并明确经费使用范围和管理办法。首先，政府部门应在大中小学教育经费中划拨一定比例用于思政课学段衔接工作，确保经费来源稳定可靠。同时，鼓励社会力量参与，通过捐赠、赞助等方式增加经费来源，形成多元化的经费筹措机制。其次，专项经费应主要用于思政课教师的培训、指导、办公、差旅、交通等方面的支出以及学段衔接相关教材、资源的开发与购买。通过提供充足的经费支持，确保思政课教师在学段衔接工作中无后顾之忧。最后，还应设立奖励基金，对在学段衔接工作中表现突出的教师和团队给予表彰和奖励，进一步激发教师的工作热情和创造力。

2.建立绩效导向机制

借助科学而合理的绩效评估体系，能够精确地衡量教师在不同学段间教学衔接工作中的贡献与成效，并据此提供相应的激励与奖励。首先，各学段的学校需依据思政课程衔接工作的独特性质与需求，制定出一套全面覆盖教师的教学成果、对学生指导的成效、参与教研活动的活跃度等多个维度的绩效评估标准，以确保评估结果的全面性、客观性和公正性。其次，实施量化考核，将学段衔接工作整合进思政课教师的绩效考核体系中。通过定期的检查与评估，可以及时掌握教师的工作进度和成效，为绩效奖励的分配提供坚实依据。考核过程的公开透明性也应得到重视，以确保考核结果的公正性和权威性。最后，建立激励与约束机制。根据绩效评估结果，对表现突出的教师和团队给予表彰和奖励，如晋升职称、发放奖金、提供培训机会等。同时，对工作不力、敷衍塞责的教师进行批评教育，可以采取一定的惩罚措施。总之，要形成有效的激励与约束机制，确保思政课学段衔接工作的顺利推进。

（四）建立集体备课制度和"学研育"学段共育机制

传统上，各学段的思政课往往各自独立进行，缺乏统一的规划和协调。这导致了课程内容的重复、教学方法的单一以及学段之间的脱节。而集体备课制度的建立，可以有效地解决这一问题。通过定期组织跨学段的思政课教师进行集体备课，共同商讨教学内容、教学方法和教学进度，可以实现课程内容的有机衔接和教学方法的多样化。同时，集体备课还可以促进教师之间的经验交流和资源共享，提高教师的整体教学水平和能力。

然而，仅仅依靠集体备课制度还不足以完全实现思政课学段衔接的目标。因此，为进一步加强大中小学思想政治教育课程的连贯性与协同性，各地区指导委员会特制订"学研育"共育机制建设方案，畅通集体备课交流渠道，促进各学段思政课教师的深度合作与共同成长。

第一，构建学段共育"学习"机制。各地建立专门的网络学习平台，制定详细的管理办法与实施方案，确保集体备课数据、优质教学资源的集中存储与高效共享。发挥各学段优秀思政课教师的模范作用，通过在线直播、录播课程、经验分享等形式，带动全体教师相互学习、深入交流，解答跨学段教学中的疑惑，提升整体教学水平。通过定期的网络集体学习活动，促进教师对大中小学思政课整体框架的深入理解与把握，实现学习内容的无缝衔接与一体化。

第二，搭建学段共育"教研"机制。构建跨学段的教研协作平台，为思政课教师提供教育研讨、学术交流、教学培训等多元化沟通交流渠道。鼓励并支持每所学校至少与一所其他学段的学校建立思政课合作关系，共同开展联合备课、教学观摩等活动，促进学段间的深度融合。依托当地高校马克思主义学院的专业力量，组织高级思政专业人才与中小学教师开展定期的教学研讨活动，推动理论与实践的深度融合，实现教研活动的一体化。

第三，创建学段共育"育人"机制。定期确定跨学段的共同教学活动主题，围绕同一主题设计并实施多样化的思政课教学与实践活动，确保学生在不同学段接受连贯的思政教育；明确各学段思政课的教学目标，鼓励教师围绕共同目标开展协同创新，共同探索适应学生身心发展特点的教学方法与手段；通过持续的共同主题教学活动与协同创新实践，使大中小学各学段的学生在思政课的熏陶下坚定政治信仰，树立正确的世界观、人生观和价值观，实现育人目标的一体化。

二、强化校际联动，构建学段衔接的坚实平台

校际间的深度合作与联动，是推进大中小学思政课学段衔接不可或缺的关键环节。通过搭建多元交流平台，可以有效打破学段壁垒，促进资源共享与优势互补，为思政课的一体化建设奠定坚实基础。

（一）实施校际结对战略，深化学段衔接合作

为克服学段间独立运作、缺乏协作的难题，需构建系统性的校际结对体系，以共建协议为纽带，促进各学段学校的紧密合作。

1.签订共建协议，创新校际结对模式

利用地方高校及研究机构的资源优势，与中小学建立长期合作关系，签订共建协议，明确双方责任与义务。通过"校校结对""院校结对""校地结对"等多层次合作模式，逐步构建从小学到大学的一体化思政教育网络，共同落实立德树人的教育目标。

2.定期互访交流，增进学段间理解

定期组织思政课教师及学生跨学段互访，通过岗位体验、学习研讨和实践活动等形式，增进不同学段师生间的相互理解和认同。教师间的岗位互换有助于精准把握各学段的教学特点与需求，而学生间的互动则能激发跨学段学习的兴趣，为学段衔接打下坚实基础。

（二）加强校际项目合作，共研学段衔接难题

以项目合作为抓手，围绕思政课学段衔接的共性问题展开联合攻关，不仅能够集聚高端研究力量，还能有效提升思政课教师的教研与科研能力。

1. 聚焦专题研究，汇聚高端人才

针对学段衔接中的关键问题，创建专项研究团队，吸引各学段优秀思政课教师参与。通过举办学术会议、经验分享沙龙等活动，集中智慧，探索一体化教学模式，形成可复制、可推广的学段衔接经验。

2. 依托基金项目，深化合作研究

充分利用高校在科研项目申请方面的优势，联合中小学共同申报国家级、省级相关项目。在项目实施过程中，注重过程管理与成果共享，确保各学段学校都能从中受益，提升整体教研水平。

（三）挖掘区域文化资源，助力学段衔接创新

区域文化作为地方特色的重要载体，具有丰富的育人价值。通过挖掘和利用区域文化资源，可以打造具有地方特色的思政课品牌，推动学段衔接的创新发展。

1. 提炼区域文化精神，融入教学内容

成立专项教研平台，深度挖掘适合学段衔接的区域文化精神。根据各学段学生的认知特点，将区域文化精神融入思政课教学内容，形成层次分明、逐步深入的教学体系。

2. 打造文化育人载体，拓宽实践平台

利用区域文化中的物质遗产，如名人故居、博物馆等，打造思政课实践教学基地。通过组织跨学段的实践活动，让学生在亲身体验中感受区域文化的魅力，增进对思政课内容的理解和认同。

（四）推广同课异构模式，优化学段衔接教学

同课异构作为一种有效的教学策略，能够根据不同学段学生的特点，对

同一教学内容进行多层次、多角度的讲解。通过推广同课异构模式，可以进一步优化学段衔接教学。

1.必修课程同课异构，体现进阶性

在必修课程中实施同课异构，确保各学段在同一主题下呈现不同深度的教学内容。通过明确各学段的教学目标和方法策略，避免教学内容的简单重复，实现教学上的进阶。

2.开设"中国系列"课程，强化主题教学

围绕不同教学内容同一主题开展"中国系列"课程，通过"同课异构"的方式，引导各学段学生从不同角度、不同深度理解和认同思政课内容。通过系列课程的连贯性教学，逐步培养学生的家国情怀和责任意识。

三、优化教师建设，为学段衔接提供抓手

（一）统一培养，优化结构

教师作为学段衔接的核心驱动力，在思政课一体化进程中扮演着至关重要的角色。正如习近平所强调："办好思想政治理论课，关键在教师，关键在于如何充分激发教师的积极性、主动性、创造性。"[①]这一论断深刻揭示了教师在推动各学段思政课有效衔接中的不可替代性。为了确保思政课在不同学段间的顺畅过渡与深度融合，我们必须将优化思政课教师队伍结构作为首要任务。这要求我们从整体上提升教师的素质水平，通过统一培养、系统规划，构建一支高素质、专业化的思政课教师队伍。

1.实施统一培养计划

大中小学思政课的学段衔接工作，需双管齐下：既要关注当前在岗教师的专业成长，更要着眼于未来，统一规划并强化思政课教师后备力量的培

[①] 习近平.思政课是落实立德树人根本任务的关键课程[M].北京：人民出版社，2020：10.

养。高校马克思主义学院作为培养思政人才的重要基地，其培养的本科、硕士及博士研究生，将是推动学段衔接的关键力量。因此，必须从源头上抓起，实施系统化、一体化的培养策略。

首先，强化思政专业人才的培养体系，构建贯穿本科至博士阶段的整体课程体系。这一体系应精心设计，确保知识结构的逐步深化与拓展，既涵盖扎实的理论基础，又融入学段衔接的实践教学元素。通过课程设置，使学生提前熟悉并深入理解各学段思政课的特点与要求，为未来的教学生涯奠定坚实的认知基础。

其次，创新"三助"模式，即思政专业硕士研究生助教、优秀在校生助学、优秀毕业生助岗制度，以此作为学段衔接的桥梁。这一模式旨在横向上打破课程界限，促进必修与选修课程的有机融合；纵向上则贯通大学、中学、小学思政课，形成连贯的教学体系。通过"三助"活动，不仅能提升学生的实践能力，更能在潜移默化中强化他们的学段衔接意识，确保他们在未来能够无缝对接不同学段的教学需求。

最后，注重高素质人才的选拔与培养，实施"后备军人才培养专项支持计划"与"骨干教师提升计划"。这些计划应聚焦于选拔具有潜力的思政专业师生，通过定向培养、实践锻炼、学术交流等多种方式，全面提升他们的专业素养与教学能力。同时，鼓励中小学优秀思政课教师进入高校深造，参与理论学习与教学研究，实现教学经验的双向流动与共享，从而从源头上提升思政课教师队伍的整体素质与学段衔接能力。

2.开展统一培训

面对当前各学段思政课教师队伍在学段衔接意识及教学水平上的不均衡现状，优化教师结构并强化学段衔接培训显得尤为迫切。为此，我们需采取双管齐下的策略，以提升教师队伍的整体效能和学段衔接能力。

首先，在青年教师培养上，必须严把入职关口，设置高标准的入职门槛，并配套以全面的入职培训。特别地，应推行"师徒制"，即让在学段衔接方面有丰富经验和显著成果的老教师担任导师，一对一指导新入职的思政课教师。这种以老带新的模式，不仅能帮助新教师迅速掌握教学技巧，更重要的是，能在他们职业生涯初期就植入学段衔接的重要理念，为后续的教学工作奠定坚实的基础。

第三章　大中小学思政课一体化建设的学段衔接

其次，对于长期耕耘在思政课一线的资深教师，同样不能忽视其持续学习和专业成长的需求。应建立健全的专题培训制度，定期举办针对学段衔接的专题研讨会、工作坊，确保每位教师都能接触到最新的教育理念和方法。同时，加强统编教材教法培训，帮助教师深入理解教材体系，掌握科学有效的教学方法。此外，还应建立健全的实践锻炼教育制度，鼓励教师跨学段交流任教，亲身体验不同学段的教学特点，从而增强学段衔接的实战能力。

在构建教师团队时，应注重团队的多元化和互补性，确保每个团队都能覆盖大中小学各学段的思政课教师。这样的团队构成有助于促进教师间的相互学习和经验分享，形成学段衔接的合力。团队应定期组织学段衔接的系列活动，如教学研讨会、案例分享会等，通过集体讨论和反思，加深教师对学段衔接重要性的认识，树立全局观和整体观。

（二）构建多元交流平台，促进跨学段沟通协作

鉴于当前各学段思政课教师间交流不畅、协作不足的现状，亟须搭建线上线下相结合的多元化交流平台，以促进广泛而深入的沟通与合作。

1.构建线上信息化交流平台

在数字化时代，我们应充分利用互联网技术的便捷性，构建线上信息化交流平台。如可以通过创建微信群、QQ群、学习通、钉钉等在线社群，实现各学段思政课教师的即时通信与资源共享。这些平台不仅便于教师间日常交流，还能促进学段衔接经验的快速传播与借鉴。此外，还可以设立专门的微信公众号，定期发布各学段教学进度、课程目标及教学案例，帮助教师提前了解相邻学段的教学内容与要求，从而科学规划本学段教学体系，有效避免教学内容的重复与要求倒置现象，确保教学内容的连贯性和递进性。

2.强化线下真实化交流平台

线上交流虽便捷，但线下互动同样不可或缺。学校应成为搭建线下沟通平台的主力军，定期举办学段衔接公开课、集体听课、教师座谈会等活动。通过公开课展示，让不同学段的教师直观感受各学段的教学风格与要求，促进教学理念与模式的相互学习与融合。同时，教师技能大赛的举办，不仅能激发教师的教学热情与创新能力，还能在竞赛中增进跨学段教师的相互了解

与合作。教师座谈会则是一个深入探讨学段衔接问题、分享解决方案的重要场合，有助于打破学段壁垒，形成共识，共同推动大中小学思政课的有效衔接与平滑过渡。

（三）资源共享，共创协同育人新局面

大中小学各学段均蕴藏着独特的育人资源与优势，如深厚的校园文化、丰富的图书馆藏书、实践教学基地以及卓越的师资力量等，这些资源对于推动思政课学段衔接具有重要意义。为实现资源的最大化利用与优势互补，需加强教师间及学生间的互动合作，共同探索协同创新的育人路径。

1.强化教师合作，共享教学资源

各学段思政课教师应树立全局观念，摒弃孤立教学的旧有思维，积极寻求跨学段交流与合作的机会。具体而言，教师应相互开放教学资源，包括优质教案、教学案例、教学设计以及教学经验等，形成资源共享的良性循环。高等院校的马克思主义学院可邀请中小学资深教师以临时讲师的身份为思政专业师范生传授一线教学经验，促进理论与实践的深度融合。同时，低学段教师应主动向高学段教师反馈学生实际情况，以便于高学段教师精准对接教学需求；而高学段教师则应慷慨分享学段衔接的成功经验，通过宣讲会、课堂观摩等形式，助力低学段教师提升教学水平，共同推动整体教学质量的飞跃。

2.促进学生交流，共享学习资源

在学生层面，应充分利用校园内外的丰富资源，搭建起跨学段的学习交流平台。大学可开放图书馆、实践教学基地等优质资源，邀请中小学生参观学习，提前感受高等教育的氛围，激发他们对未来学习的向往与规划。同时，通过组织"大手拉小手"等活动，让大学生与中小学生结对帮扶，解答学习疑惑，传递正能量。此外，鼓励即将步入教育岗位的思政专业师范生深入中小学课堂实习，亲身体验不同学段学生的学习特点与需求，为未来的跨学段教学积累宝贵经验。这一系列举措旨在拓宽学生的学习视野，增强学习动力，促进大中小学思政课学习的连贯性与系统性。

（四）强化自我驱动，促进专业发展

在大中小学思政课教师的专业成长道路上，自我学习与自主发展不仅是外在培训的有效补充，更是推动个人成长与学段衔接深化的内在动力。因此，每位思政课教师都应积极树立并践行自我学习、自主发展的理念，以不断提升自身的教学能力与学段衔接能力。

1.确立自我驱动的学习观念

思政课教师应将学习视为职业生涯中不可或缺的一部分，而非外在强加的任务。坚定的学习意志和持续的学习热情，是保持学术敏锐度、紧跟时代步伐的关键。面对快速变化的社会环境和学生需求，思政课教师需主动拥抱新知，不断更新知识结构，以深厚的学术功底和敏锐的洞察力，引导学生正确理解和把握国内外大事。消极等待或停滞不前，不仅会让教师个人与时代脱节，也会辜负教育事业的崇高使命。因此，树立自我驱动的学习观念，是每位思政课教师实现专业成长与学段衔接的首要前提。

2.深化自我学习与自主发展的实践

在自我学习的实践中，思政课教师应以经典著作为基石，深入研读马克思、恩格斯等伟大思想家的原著，掌握辩证唯物主义与历史唯物主义的基本观点，并将其与现实生活紧密结合，使抽象的理论知识变得生动易懂。同时，紧跟时代步伐，深入学习《习近平谈治国理政》等马克思主义中国化的最新理论成果，将理论与实践相结合，提升教学的针对性和实效性。此外，思政课教师还应注重自我反思与总结，通过教学实践中的不断试错与调整，优化教学方法，提升教学质量。

四、聚焦教学体系，为学段衔接提供途径

思政课作为伴随大中小学生成长的重要课程，其跨学段、全过程的特性要求我们必须科学规划教学目标、合理编排教学内容、创新教育教学方式，并建立健全教学评价体系，以实现大中小学思政课的学段衔接，推动其一体

化建设。

（一）科学规划教学目标，实现循序渐进

要推进大中小学思政课的学段衔接，首先需科学规划教学目标，确保各学段间目标的连贯性和递进性。教师应深入了解各学段学生的身心发展特点，遵循教育规律，制定既符合学生实际又具前瞻性的教学目标。从小学阶段的感知认同，到初中阶段的思想认同，再到高中阶段的政治认同，直至大学阶段的实践认同，每个学段都应明确其独特的侧重点，并与其他学段相互衔接，形成螺旋上升的教育体系。

（二）合理编排教学内容，避免重复与脱节

教材内容的编排是实现学段衔接的关键环节。各学段思政课教师应加强沟通协作，共同完善教材体系，确保内容的连贯性和不重复性。针对现有教材中存在的重复内容，应进行精心编排，通过不同深度和角度的讲解以及结合学生生活实际和地域文化特色的补充，使教学内容更加生动有趣，易于学生接受。同时，应注重各学段间知识点的衔接与过渡，确保学生能够在学习过程中形成完整的知识体系。

（三）创新教育教学方式，激发学习兴趣

教育教学方式的创新是推动思政课学段衔接的有效途径。各学段教师应根据学生的身心发展特点和学习需求，灵活运用多种教学方法和手段，如讲授法、演示法、活动探究法、翻转课堂等，以激发学生的学习兴趣和积极性。通过师生互动、生生互动等形式，营造活跃的课堂氛围，使学生在轻松愉快的氛围中掌握知识和技能。同时，注重培养学生的自主学习能力、批判性思维和解决问题的能力，为其终身发展奠定坚实基础。

（四）建立健全教学评价体系，促进全面发展

建立健全教学评价体系是检验思政课学段衔接效果的重要手段。各学段应建立一体化的教学评价体系，采用发展性评价方式，既关注学生的学习结果，也重视其学习过程。通过建立学生成长档案，记录学生在各学段的学习情况和表现，为教师进行有针对性的指导和评价提供依据。同时，注重评价方式的多样性和灵活性，如采用学生自评、互评、教师评价等多种方式相结合的评价机制，确保评价的全面性和公正性。通过教学评价的连续化和一体化建设，促进学生的全面发展和思政课学段衔接的深入实施。

第四章　大中小学思政课教学内容一体化建设

第一节 大中小学思政课内容一体化建设的发展历程与价值

一、思政课内容一体化的概述

（一）思政课内容的界定

马克思主义指出："事物的内容是构成事物所有要素的综合。"[①]因此，思政课程的内容应当涵盖构成该课程的所有要素。思政课程是一个由课程体系、课程目标、课程内容、教材体系、教学方法、教师团队、课程评估等多个方面要素构成的复合体，其内容即这些要素的综合体现。然而，这与我们通常理解的思政课程内容存在显著差异。区别在于，这里所说的思政课程内容，是将思政课程本身作为研究对象，指的是构成思政课程的所有要素的综合。而我们通常所指的思政课程内容，是以学生为对象，即思政课程向学生"传递"的内容。实际上，思政课程内容应包括所有传授给学生的要素。要明确这些要素，我们需要深入分析学者们对思想政治教育内容的定义。

思想政治教育内容的代表性观点有"信息说""系统说""中介说"。根据"信息说"，思想政治教育内容是经过教育者精心选择和设计，有目的地、系统地传递给受教育者的思想意识、价值观念和道德规范等信息。而"系统说"则视思想政治教育内容为一个由多种相互关联、相互作用的要素构成的系统，这些要素按照特定的层次结构排列，旨在提升教育对象的思想道德素质。至于"中介说"，它认为思想政治教育的内容包括教育者向受教育者传授的知识、理论和观点，这些内容作为教育者与受教育者之间联系和转化的

[①]《马克思主义哲学》编写组.马克思主义哲学[M].北京：高等教育出版社，2009：101.

中介，是连接主体与客体的桥梁。

这些观点对于理解思想政治教育课程内容具有重要的参考价值。然而，若直接用它们来阐释思政课程内容的内涵，则存在一定的局限性。例如，"信息说"虽然强调了教育者向受教育者传递的思想、价值和道德规范等信息，但这种定义过于宏观，无法准确描述思政课程内容的具体性。教育者传递信息的方式多样，并不仅限于课程本身。而"系统说"虽然突出了思想政治教育内容作为一个系统的功能，但功能并不等同于系统本身。不同系统可能具有相似的功能，且在学校教育中，不仅思政课程具有思想政治教育的功能。因此，若以"系统说"来界定思政课程内容，可能会不必要地扩大概念的范围。"中介说"虽然强调了知识、理论和观点作为内容的重要性以及它们在教育者与受教育者之间的中介作用，但未明确指出这些知识、理论和观点的特殊性。毕竟，所有课程的内容都由知识、理论和观点构成，并且都充当着连接教育者与受教育者的中介。因此，"中介说"未能明确思想政治教育内容的独特构成要素。

基于前述分析，思政课程的教学内容可定义为：教育工作者依据教育目标，借助课程体系与教材体系，运用多元化的教学策略，对学生进行思想、政治、道德及法治方面的培育。该培育内容不仅涵盖理论知识，亦包括实践技能与情感态度，目的在于全面提升学生的思想道德素养。实施思政课程内容需依赖于专业的教师团队及有效的课程评估机制，以确保教育目标得以实现。

（二）思政课内容一体化的内涵

1.思政课内容一体化的原因

思政课内容一体化的原因，主要源于现实中大中小学思政课内容存在的一系列问题。思政课内容存在不同程度的交叉重复现象，导致了教学资源的浪费，还可能使学生在学习过程中产生困惑和厌烦情绪。不同学段的思政课内容之间缺乏连贯性和递进性，甚至出现脱节和倒挂的现象，这也造成了学生在不同学段之间的学习缺乏连贯性，难以形成系统的思想政治知识体系。这些问题的存在，严重影响了大中小学思政课的实效，使得学生难以从思政

第四章　大中小学思政课教学内容一体化建设

课中获得系统、深入的思想政治教育，进而影响其思想政治素质和道德素养的提升。为了解决这些问题并增强思政课的实际效果与教育作用，提出了思政课内容的一体化建设。一体化建设旨在整合并优化大中小学思政课程内容，消除课程内容的重复交叉与脱节现象，确保思政课程内容的系统性、连贯性与递进性。这样，思政课程的教育功能将得到更有效的发挥，进而提升学生的思想政治素养和道德品质。

2.思政课内容一体化的实质

思政课内容一体化的实质，是将原本相对独立的大中小学不同学段的思政课内容以及同一学段内部的思政课内容，通过协调与合作整合成一个系统的有机整体的过程。这一过程的核心在于实现思政课内容的连贯性、层次性和系统性，从而提高思政课的说服力和育人效力。

具体来说，思政课内容一体化的实质包括以下几个方面：

第一，内容的连贯性。一体化要求大中小学各学段的思政课内容在逻辑上保持连贯，避免出现内容上的断裂或重复。通过科学合理的课程设置和教学内容安排，确保学生在不同学段能够循序渐进地学习和掌握思想政治知识，形成完整的知识体系。

第二，内容的层次性。一体化强调思政课内容应根据学生的年龄特征、认知能力和发展需求进行分层次设置。不同学段的思政课内容应有明确的区分度和递进关系，既体现基础性和普及性，又注重拓展性和提升性，以满足学生不同阶段的成长需求。

第三，内容的系统性。一体化要求将思政课内容视为一个整体系统，注重各要素之间的内在联系和相互作用。通过整合思想教育、政治教育、道德教育和法治教育等要素，形成结构完整、功能互补的思政课程体系，以全面提升学生的思想政治素质和道德素养。

第四，讲求协调与合作。思政课内容一体化的实现需要各学段之间的协调与合作，这包括教育主管部门的统筹规划、学校之间的经验交流、教师之间的协同教学等。通过加强不同学段之间的沟通与协作，共同推进思政课内容一体化的深入实施。

3.思政课内容一体化的目的

思政课内容一体化的目的，核心在于通过科学合理地设置和整合大中小学不同学段以及同一学段内部的思政课内容，提升课程内容的层次性、针对性和系统性。这一过程旨在打破各学段和同一学段内部思政课内容之间的壁垒和障碍，促进彼此之间的有效衔接，从而形成一个有机整体。通过这样的内容一体化，思政课能够更好地适应学生的实际需求和思想政治教育规律，提高其说服力和育人效力。最终，思政课内容一体化的目的在于培养出具有坚实思想政治素质和良好道德素养的学生，实现思政课育人的根本目标。

二、思政课内容一体化建设的发展历程

（一）思政课内容一体化的缘起

思政课内容一体化，作为思政课一体化体系中的核心组成部分，其诞生与演进紧密伴随着整个思政课一体化建设的过程。这一进程的启动，深刻根植于解决大学与中学思政课内容重复问题的迫切需求之中，其标志性事件可追溯至1979年教育部政治理论教育司发布的《高等学校政治理论课的基本情况和存在问题》(以下简称《问题》)。《问题》直截了当地地指出了高校党史课与中学历史课之间的内容重叠现象，进而提出了亟须解决的"大、中学校政治理论课的分工和衔接问题"，为思政课一体化建设拉开了序幕。

为积极响应《问题》的号召，教育部迅速行动，将改革的重点聚焦于中学政治课的调整与优化上。1980年，教育部发布了《改进和加强中学政治课的意见》，对中学政治课的课程设置进行了大刀阔斧的改革，重新规划了初中与高中的政治课程体系，分别设置了《青少年修养》《政治常识》《社会发展简史》以及《政治经济学常识》《辩证唯物主义常识》等课程，并配套编写了详细的教学大纲，明确了各课程的教学目标、内容要点及教学注意事项，力求从源头上减少与高校政治理论课的重复内容，促进两阶段教育的有效衔接。

这一阶段思政课改革的特点鲜明：首先，它明确以解决课程内容重复为起点，开启了思政课一体化建设的探索之旅，尽管《问题》本身仅为一份调

第四章 大中小学思政课教学内容一体化建设

查报告,但其提出的问题及建议为后续改革指明了方向;其次,改革以中学思政课为突破口,通过优化课程设置,带动课程内容的整合与更新,体现了"先局部后整体"的改革策略;再次,由于当时高校马列主义课仍沿用"78方案",教材体系相对独立,导致思政课教材的一体化建设尚未正式启动,仍处于酝酿阶段;最后,值得注意的是,这一时期的改革主要聚焦于中学与大学阶段,小学思政课尚未被纳入一体化建设的视野之中,显示出改革进程的阶段性与局限性。

(二)大中小学思政课内容的首次顶层设计

1985年8月1日,中共中央发布了《关于改革学校思想品德和政治理论课程教学的通知》(以下简称《通知》),这一文件在思政课发展史上具有里程碑式的意义。它首次对大中小学思政课内容进行了顶层设计,标志着我国思政课一体化建设的正式启动。

这一顶层设计的历史背景,可以追溯到之前思政课建设中存在的问题,尤其是大学与中学思政课内容的重复问题。为了解决这一问题,教育部进行了一系列的改革和调整,但这些改革更多的是集中在课程设置和教学大纲的编写上,而缺乏对整个思政课内容体系的全面规划和设计。因此,《通知》的发布,可以说是在这一历史背景下的必然产物。

《通知》的主要特征体现在以下几个方面:

首先,它首次对大中小学各学段马克思主义思想品德和政治理论课的主要内容和要求进行了明确,形成了我国思政课发展史上的首次顶层设计。这一设计不仅涵盖了小学的思想品德课、中学的思想政治课,还包括了高等学校的马克思主义理论课,实现了思政课内容的全面覆盖。

其次,学段内部的"内容一体化"初见端倪。《通知》发布后,各学段开始尝试在规定总体教育内容的基础上,分年级列出具体的教学要点,这体现了在学段内部进行"内容一体化"的探索。

最后,相邻学段和课程之间的衔接意识有所增强。《通知》鼓励各学段和课程之间注重衔接,避免内容的简单重复,这体现了思政课一体化建设的核心理念。

然而，尽管《通知》在思政课一体化建设上取得了重要突破，但也存在一些不足之处。例如，它尚未形成大中小学思政课内容的总体架构和一体化的课程目标，教材、教学大纲的一体化建设机制也尚未建立起来。但总的来看，《通知》的发布仍然具有深远的意义，它标志着我国思政课一体化建设的正式启动，为后续的思政课改革和发展奠定了坚实的基础。《通知》所体现的"由浅入深，从具体到抽象，从现象到本质"的循序渐进的内容设计理念，也为后续的思政课内容一体化建设提供了重要的指导思路。

（三）整体规划学校德育体系的提出

随着大中小学思政课内容顶层设计及其实践的不断推进，国家开始从更为宏观和系统的角度，对新时期学校德育工作进行统筹规划，正式提出了整体规划学校德育体系的构想。1994年的《中共中央关于进一步加强和改进学校德育工作的若干意见》成为这一阶段的标志性文件，它不仅强调了根据德育工作的总目标科学规划各教育阶段的具体内容，还明确了思政课一体化建设的新方向——"加强整体衔接"，标志着思政课内容一体化建设进入了一个新的阶段。

在高校领域，1995年国家教育委员会发布的《关于高校马克思主义理论课和思想品德课教学改革的若干意见》指出了高校"两课"存在的不足，并提出了改革的方向。随后，1998年中宣部、教育部联合印发的《关于普通高等学校"两课"课程设置的规定及其实施工作的意见》正式推出了"95方案"，对本科阶段的思政课进行了全面调整，形成了包括"马克思主义哲学原理""马克思主义政治经济学原理""毛泽东思想概论""邓小平理论概论"等在内的课程体系，并明确将"思想道德修养"和"法律基础"作为思想品德课的主要内容。这一方案的实施，标志着高校思政课在"逐步形成结构合理、功能互补的'两课'课程体系"方面迈出了重要一步。

与此同时，中学思政课改革也在紧锣密鼓地进行。国家教育委员会1995年发布的《关于进一步加强和改进中学思想政治课教学工作的意见》，不仅关注中学阶段本身，更将其置于大中小学思政课的整体框架中进行考量。这一文件强调了义务教育阶段（初中和小学）思政课内容的整体规划，提出了避免内容重复、加强衔接的具体要求。随后，一系列课程标准的出台，如1996年的《全日制普通高级中学思想政治课课程标准（试用）》和1997年的《九年义务教育小学思想品德课和初中思想政治课课程标准（试行）》，进一步细化了各学段的教学目标和内容，增强了思政课内容的层次性和系统性。

这一时期，德育向生活回归成为中小学思政课改革的重要理念。小学阶段的《品德与生活》《品德与社会》，初中阶段的《思想品德》，以及高中阶段的《思想政治》课程，都紧密围绕学生的生活实际展开，体现了生活化德育的鲜明特色。这种改革不仅增强了思政课的针对性和实效性，也为大中小学思政课内容的一体化建设提供了有益的探索。

在教材建设方面，国家加强了对思政课教材编写、审批和使用的规范化管理。大学思政课的"98方案"明确要求各高校从推荐教材中选用，而中小学则采取"一纲多本"或"一标多本"的方式，确保了教材编写的多样性和选择性。然而，这种管理模式的逐步集中化，也为未来思政课教材从"一标多本"向"一标一本"的转变奠定了基础，客观上推动了思政课内容的一体化进程。

（四）整体规划大中小学德育体系的深化

2005年4月，教育部发布了《关于整体规划大中小学德育体系的意见》，标志着对大中小学德育体系进行系统性、整体性规划的开始。相较于1994年的《关于进一步加强和改进学校德育工作的若干意见》，此次《意见》在系统性、明确性和具体性上有了显著提升。它不仅指出了当时德育体系中存在的内容安排不合理、重复交叉及脱节等问题，还从德育目标、内容、课程设置、活动途径、方法及领导机制等多个方面进行了全面规划，旨在构建一个更加科学合理、连贯有序的德育体系。

围绕"05"方案，大学思政课内容建设取得了显著进展。该方案将原有课程进行了整合与调整，如将"马克思主义哲学原理"与"马克思主义政治经济学原理"合并为"马克思主义基本原理概论"，将中国化马克思主义内容合并为"毛泽东思想和中国特色社会主义理论体系概论"，并新增了"中国近现代史纲要"课。这些变化有效解决了课程内容重复、针对性不强等问题，提升了思政课的整体质量和教学效果。

高中思政课内容建设主要围绕《普通高中思想政治课程标准（实验）》及后续修订版进行。2004年颁布的课程标准及其实验教科书为高中思政课提供了基本框架和内容。随后，根据《教育部关于整体规划大中小学德育体系的意见》，对教材进行了多次细节修订，但总体框架保持不变。2017年，教育部发布了《普通高中思想政治课程标准（2017年版）》，对课程设置和内容进行了大幅调整，进一步优化了课程体系，强化了中国特色社会主义理论教育。

初中和小学思政课内容建设主要围绕2011版课程标准及"道德与法治"新教材的编写使用展开。这一阶段的改革强调了课程内容的连贯性和一体化建设，特别是在法治教育和社会主义核心价值观的贯穿上取得了显著成效。同时，新教材更加注重与学生生活的紧密联系，围绕学生、家庭、学校、社区、国家、世界等生活领域构建教材内容体系，增强了课程的吸引力和实效性。

（五）全面推进大中小学思政课一体化建设的战略部署

大中小学思政课一体化建设的系统性推进始于2019年3月举行的学校思想政治理论课教师座谈会，会上，习近平高瞻远瞩地指出："要将大中小学思政课一体化建设视为一项至关重要的工程"，这一论述为思政课一体化建设树立了明确的航标（参见习近平：《思政课是落实立德树人根本任务的关键课程》，《求是》2020年第17期）。针对思政课内容构建的核心问题，习近平特别强调了教材内容的革新需求，指出当前教材需增强鲜活度、针对性、可读性和实效性，要求紧跟时代步伐，确保教材内容的政治性、科学性、时代性和可读性，为思政课内容优化指明了方向。

为进一步深化这一战略部署，2019年8月，中共中央办公厅与国务院办公厅联合发布了《关于深化新时代学校思想政治理论课改革创新的若干意见》（以下简称《意见》），该文件将思政课内容建设的重心明确指向了课程教材体系的完善与优化。《意见》的出台，标志着思政课一体化建设进入了实质性操作阶段。

为切实贯彻《意见》精神，2020年12月，中共中央宣传部与教育部发布了《新时代学校思想政治理论课改革创新实施方案》（以下简称《方案》），该《方案》直接针对新时代思政课课程教材改革创新的需求提出了一系列具体举措。在课程内容方面，《方案》强调，要在各学段现有课程框架内，重点加强习近平新时代中国特色社会主义思想的融入，深化社会主义核心价值观的培育与践行，并全面推进法治教育、劳动教育、总体国家安全观教育及公共卫生安全教育等内容的全方位渗透（参见中央宣传部、教育部关于印发《新时代学校思想政治理论课改革创新实施方案》的通知，中华人民共和国国务院公报，2021年第9期）。此外，《方案》还详细规划了大中小学各学段思政课的具体课程内容，为一体化建设提供了细致的操作指南。

习近平的重要讲话以及《意见》与《方案》的相继出台，共同构成了新时代学校思政课改革创新的纲领性文件，不仅为思政课建设指明了方向，也标志着我国思政课建设正式迈入了一体化建设的新纪元，开启了全面提升思政课教学质量与效果的新篇章。

第二节　大中小学思政课教学内容确立与分层设计的依据

一、思政课整体内容确立的依据

思政课具有以学生为教育对象的特殊性，其整体内容的确立依据主要包括国家意志、社会要求和学生的实际。

（一）体现国家意志

思政课作为培养学生思想政治素质的重要课程，其整体内容的确立必须紧密围绕国家意志。国家意志是一个国家在政治、经济、文化等方面的总体要求和目标，体现了国家的根本利益和长远规划。因此，思政课的内容必须与国家意志保持高度一致，确保学生在思想政治上与国家同频共振。

思政课的整体内容应充分反映党和国家的奋斗目标。这些目标包括中国特色社会主义事业的发展、民族复兴的伟大梦想以及社会主义核心价值观的弘扬等。通过思政课的学习，学生能够深刻理解党和国家的方针政策，明确自己的历史使命和社会责任，从而为实现国家意志贡献自己的力量。

面对当前多元文化的冲击和西方"普世价值论"的渗透，思政课必须坚守主流意识形态的阵地。这要求思政课的内容要紧密围绕马克思主义、毛泽东思想和中国特色社会主义理论体系等主流思想展开，加强对学生的思想道德建设与心理健康教育。通过引导学生树立正确的世界观、人生观和价值观，思政课能够帮助学生增强抵御不良思想侵蚀的能力，坚定走中国特色社会主义道路的信心。

党和国家的教育方针、政策是思政课整体内容确立的重要依据，体现了国家对于教育事业的总体规划和要求，为思政课的具体实施提供了指导方向。思政课必须紧密围绕教育方针、政策展开教学活动，确保学生在掌握专业知识的同时具备良好的思想政治素质和社会责任感。

思政课的整体内容应紧密结合社会现实和国家发展实际。通过引入社会热点问题、国家重大事件等素材，思政课能够引导学生关注国家大事、思考社会问题，增强他们的社会责任感和使命感。结合国家发展战略和规划，思政课还能帮助学生明确个人发展方向和目标，为未来的职业生涯和人生规划奠定坚实基础。

（二）反映社会要求

马克思指出："全部人类历史的第一个前提无疑是有生命的个人的存

第四章　大中小学思政课教学内容一体化建设

在。"①这一论断揭示了人类社会构建的基石——即个体生命的存续与繁衍。社会，作为人类活动的集合体，其存续与发展依赖于个体的持续再生与物质生产的双重动力。前者确保了人类种群的延续，而后者，即物质资料的生产与再生产，则是社会存在和发展的经济基础。在这一过程中，人们因生产活动而结成的生产关系以及由此衍生的复杂社会关系网络，构成了人类社会的基本框架。

马克思主义进一步阐释："人的本质不是单个人所固有的抽象物，在其现实性上，它是一切社会关系的总和。"②这一观点强调了人的社会属性，即个体通过参与社会关系网络，获得其身份认同与价值实现。因此，成为"社会人"，而非仅停留于"自然人"的层面，是每个人成长的必由之路。这一过程伴随着对社会规范体系的学习与内化，这些规范体系——包括道德、法律等——是维护社会秩序、促进社会和谐的基石。

习近平总书记强调："教育必须培养社会发展所需要的人。"③思想政治教育，作为教育体系的重要组成部分，其核心任务便是帮助学生塑造符合社会期待的思想道德品质。因此，思政课的内容构建应紧密围绕社会要求展开，确保教育内容与时代需求相契合。

值得注意的是，社会要求与国家意志虽有关联，但二者并不等同。社会要求具有更为广泛的历史维度和普遍性，它超越了特定国家形态的限制，是人类社会存续与发展的共同需求。而国家意志则更多地体现在阶级与国家存续期间，其内容与形式往往受到统治阶级意志的影响。因此，在思政课的内容设置中，应清晰区分并准确反映社会要求的本质，避免将国家意志简单等同于社会要求。

基于此，思政课应聚焦于社会规范体系的教育，这包括但不限于中国特色社会主义法律体系的法治教育，还涵盖社会公德、职业道德、家庭美德、

---

① 中共中央马克思恩格斯列宁斯大林著作编译局.马克思恩格斯文集 第1卷[M].北京：人民出版社，2009：519.
② 中共中央马克思恩格斯列宁斯大林著作编译局.马克思恩格斯文集 第1卷[M].北京：人民出版社，2009：501.
③ 习近平.在北京大学师生座谈会上的讲话[N].新华社，2018-05-02.

个人品德在内的社会主义道德教育。通过这些内容的传授与实践，可以引导学生掌握并践行社会规范，促进其成长为具备良好思想品德、能够适应并推动社会发展的合格公民。最终，实现思政课培养社会发展所需人才的目标，为构建和谐社会、推动社会进步贡献力量。

（三）贴近学生实际

1.遵循学生成长规律

学生的成长是一个循序渐进的过程，其认知水平、价值观念及行为习惯均会随时间推移与经验累积而悄然蜕变。因此，思政课的教学设计需紧密贴合学生的成长步伐，针对不同学习阶段的学生特性，量身定制教学目标与内容。具体而言，小学阶段可侧重于奠定学生的基本道德基础和培养良好行为习惯；中学阶段则引导学生深入剖析社会现象，探索价值观念；而大学阶段，则应着重培养学生的批判性思维与强烈的社会责任感。

2.关注学生实际需求

思政课程的内容应当与学生的实际需求紧密相连，关注他们在学习、生活及成长道路上所面临的现实挑战。通过深入洞察学生的思想波动和心理诉求，思政课程能够更精准地回应学生的困惑并引导他们构建正确的世界观、人生观与价值观。此外，结合学生的亲身经历和周遭的实例，思政课程能够使教学内容更加鲜活和具体化，从而便于学生吸收和理解。

3.注重学生个体差异

每位学生都是独特的个体，他们各自拥有不同的成长背景、性格特质以及兴趣爱好。因此，思政课程的内容设计必须重视学生的个性化差异，并采用量身定制的教学策略。针对不同类型的学生，应设计多元化的教学模块和活动形式，以迎合他们各自的个性化需求。同时，思政课程亦应激励学生主动参与课堂讨论与实践活动，使他们在参与过程中能够展现自己的独特才能和优势。

4.强化实践教学环节

实践教学是思政课的重要组成部分，也是贴近学生实际的重要途径之一。通过组织丰富多彩的实践教学活动，如社会调查、志愿服务、参观访问等,可以让学生亲身体验社会现实和国情民情,加深对理论知识的理解和认识。同时,实践教学还可以培养学生的社会责任感和实践能力,为他们未来的成长和发展奠定坚实基础。

二、思政课内容分层设计的依据

在思想政治教育的一体化建设中,确立了思政课的整体内容之后,紧接着的任务是将这些内容合理地安排在小学、初中、高中和大学等不同教育阶段的课程中。这一过程要求我们对思政课程进行分层设计,以确保教育内容的递进性和适应性。分层设计的核心在于使各个阶段的授课内容适应学生的认知发展阶段和成长需求,同时实现国家和社会的教育目标。

(一)遵循学生的认知规律

学生的认知能力随着年龄和学段的增长而不断发展,呈现出明显的阶段性特征。小学、初中、高中和大学等不同学段的学生,在注意力、记忆力、思维能力、理解能力等方面存在显著差异。因此,思政课内容的设计需要充分考虑这些阶段性特征,针对不同学段的学生制定相应的教学目标、内容和难度。

学生的知识积累和理解能力也是思政课内容分层设计的重要依据。随着学段的提升,学生所接触的知识面逐渐拓宽,理解能力也逐渐增强。因此,思政课内容需要由浅入深、由易到难地逐步展开,确保学生在掌握基础知识的基础上能够进一步理解和思考更深层次的问题。

不同学段的学生在情感、态度、价值观等方面具有不同的表现和需求。因此,思政课内容需要紧密结合学生的心理发展特点,通过生动的案例、贴近生活的情境等方式,激发学生的学习兴趣和积极性,引导他们形成正确的世界观、人生观和价值观。

（二）遵循学生的成长规律

思政课内容分层的依据之一是遵循学生成长规律。这一依据强调在设计和实施思政课内容时，必须充分考虑学生在不同成长阶段的特点和需求，以确保教学内容的针对性和有效性。具体来说，将学生成长规律作为思政课内容分层的依据，主要体现在以下几个方面。

1.学生成长阶段的心理与认知发展

思政课内容应紧密围绕学生在不同成长阶段的具体需求进行分层设计。小学阶段注重基础道德观念和行为习惯的培养；中学阶段则加强理想信念、法治意识和社会责任感的教育；大学阶段则进一步深化理论素养，培养创新思维和国际视野。思政课作为输送"精神营养"的主渠道，必须确保内容丰富、养分充足。通过讲述英雄事迹、传承红色基因、弘扬社会主义核心价值观等方式，为学生注入坚定的理想信念和正确的价值导向，助力其精神世界的健康发展。

2.学生成长中的困惑与需求

随着学生年龄的增长和阅历的增加，他们在成长过程中会面临各种困惑和需求。这些困惑和需求往往与他们的学习、生活、未来规划等方面紧密相关。思政课作为培养学生思想政治素质的重要课程，必须紧密关注学生在成长过程中的这些困惑和需求，通过分层设计教学内容，有针对性地解答学生的疑惑，满足他们的成长需求。

3.学生成长规律的阶段性特征

学生成长规律的阶段性特征要求思政课内容必须根据不同学段学生的特点来制定。在小学阶段，可以注重培养学生的基本道德观念和行为习惯；在初中阶段，则可以进一步引导学生关注社会现象，增强社会责任感；在高中阶段，可以深入讲解国家发展战略、国际形势等重大问题，培养学生的政治素养和全球视野；而在大学阶段，则应该注重培养学生的创新思维和实践能力，引导他们为实现中华民族伟大复兴的中国梦贡献力量。

（三）依据思政课的课程目标

课程目标不仅是思政课教学的指南针，更是内容分层与深化的基石。它具体描绘了各教育阶段学生在思想政治品德方面应达成的水平，是课程内容选择、教学目标设定及教学方法创新的出发点和落脚点。

思政课内容的分层设计，需紧密围绕课程目标的指引展开。这一体系化的目标结构，由课程总目标与学段分目标共同构成，前者勾勒了国家和社会对人才培养的总体愿景，后者则细化了各学段的具体要求。学段分目标不仅体现了学生认知发展的阶段性特征，也反映了国家和社会对不同学段学生思想政治素养的差异化期待。

在内容分层时，既要考虑学生的认知规律和实际需求，更要紧扣学段分目标，确保教学内容的针对性与实效性。具体而言，可依据课程目标的具体体现形式来分层设计：

第一，《课程标准》的直接规定。如《普通高中思想政治课程标准（2017年版2020年修订）》中，明确提出了高中阶段学生应具备的思想政治学科核心素养，包括政治认同、科学精神、法治意识和公共参与四个方面，这为高中阶段思政课内容的设计提供了直接依据。

第二，专门政策文件的指导。如《关于深化新时代学校思想政治理论课改革创新的若干意见》及其实施方案，不仅整体规划了思政课课程目标，还对各学段课程内容建设提出了具体要求。这类文件不仅界定了课程总体内容与学段内容的框架，更重要的是，它们强调了课程目标对内容分层的决定性作用。在现有课程内容的基础上，如何优化整合、增减调整以更好地服务于学段课程目标，是我们必须深入思考的问题。

第三，跨领域政策文件的关联。诸如《青少年法治教育大纲》等文件，虽非专为思政课制定，但其对法治教育目标的阐述，同样为思政课在法治教育内容上的分层设计提供了重要参考。

第三节 大中小学思政课教学内容一体化建设的原则

在推进思政课内容一体化建设的宏大工程中，妥善处理各类关系与矛盾，确保各项举措的协同性与连贯性，是达成目标的关键。这一过程犹如精心编织一张错综复杂的网络，每一根丝线（即各种关系与矛盾）的精准对接与和谐共存，都依赖于一套共同遵循的原则体系。《思想政治教育学原理》一书深刻指出，这些原则是在思想政治教育实践中指导我们正确处理各种关系与矛盾的基本准则，它们为思政课内容一体化建设提供了坚实的理论基础与实践导向。①

思政课内容一体化建设作为一项系统工程，其成功与否很大程度上取决于我们能否在整体布局中坚持统一的原则导向。这些共同原则，如同航海中的灯塔，指引着建设方向，确保不同学段、不同课程之间的内容衔接既符合学生成长规律，又体现国家和社会对人才培养的期望。它们不仅保证了建设方向的一致性，还促进了行动与标准的统一，为思政课内容的统筹规划与分步实施提供了强有力的保障。反之，若缺乏共同原则的引领，大中小学思政课各自独立进行，则容易使内容重复或脱节，这将严重阻碍一体化建设的进程，甚至可能无法实现预期的教育效果。因此，制定并严格遵循这些共同原则，是确保思政课内容一体化建设顺利推进、取得实效的必要条件。它们不仅是理论层面的指导框架，更是实践中的行动指南，对于提升思政教育的系统性、科学性和实效性具有不可估量的价值。

---

①《思想政治教育学原理》编写组.思想政治教育学原理[M].北京：高等教育出版社，2018：203.

第四章　大中小学思政课教学内容一体化建设

一、目标导向与问题导向相结合

目标导向强调明确共同的教学目标，指引大中小学各学段的思政课内容建设朝着相同的方向发展，形成"合力"。这一共同目标体现了党和国家对思政课育人的总要求，即"努力培养担当民族复兴大任的时代新人，培养德智体美劳全面发展的社会主义建设者和接班人"。围绕这一目标，各学段需要制订具体的教学目标，并将其细化落实在思政课内容之中，以确保教学的针对性和实效性。

与此同时，问题导向也是不可或缺的一部分。问题是推动事物发展的根本动力，坚持问题导向就是要关注并解决大中小学思政课内容方面存在的现实问题。这需要树立强烈的问题意识，深入分析问题产生的原因并提出有针对性的解决办法。只有解决了这些现实问题，才能更好地实现共同的教学目标。

在大中小学思政课一体化建设中，目标导向和问题导向是辩证统一的关系。问题是出发点，通过深入了解和关注存在的问题，我们可以有针对性地提出解决办法，推动思政课内容的一体化建设；而目标是落脚点，它指引着我们解决问题的方向和方法，确保我们的努力与总体目标保持一致。因此，在推进大中小学思政课教学内容一体化建设的过程中，我们必须始终坚持目标导向与问题导向相结合的原则，既要明确共同的教学目标，又要紧密关注并解决存在的问题，以实现思政课教学的整体提升和全面发展。

二、现实性与超越性相结合

在大中小学思政课教学内容一体化建设的过程中，处理内容的现实性与超越性的关系是一个关键问题。这一原则的探讨源于思政课教学中经常遇到的学生困惑：学生认为课堂上所讲授的内容与社会现实存在脱节，觉得思政课所传授的是高大上的理想化内容，在社会实践中难以应用，甚至担心按照这些要求去做会在现实社会中吃亏。

面对学生的这种困惑，我们首先需要明确的是，思政课内容并非脱离社会现实，而是基于社会现实并反映社会发展对其成员在思想政治品德等方面的要求。学生之所以产生上述疑惑，主要是因为思政课内容在开展思想政治品德教育时没有把握好现实性与超越性的关系。

现实性指的是学生思想政治品德的实际水平，这是选择和设计思政课内容的重要依据。然而，思政课内容不能仅仅停留在学生的现实水平，而应该适度超越这个水平，引导学生朝着社会要求的方向发展。这就是思政课内容的超越性。

在思政课内容一体化建设中，我们必须把现实性与超越性统一起来。一方面我们要依据学生的思想政治品德现实水平来选择和设计课程内容，确保教学内容与学生的实际水平相适应；另一方面我们也要适度超越学生的现实水平，提出更高的要求，引导学生不断提升自己的思想政治品德，更趋近于社会要求。通过这样的方式，可以确保思政课内容既不会过于理想化或脱离实际，也不会因过于迁就学生的现实水平而缺乏引导性。相反，它能够在适应学生现实水平的基础上适度超越，引导学生不断朝着社会要求的方向发展，最终实现思政课教学的整体目标。因此，现实性与超越性相结合的原则是大中小学思政课教学内容一体化建设中必须遵循的重要原则。

三、理论性与实践性相结合

思政课的核心任务是传播马克思主义理论，这一科学理论是揭示事物本质和规律的重要工具。因此，在思政课内容一体化建设中，我们必须坚持理论性原则，确保把马克思主义基本原理和立场、观点、方法讲清楚、讲透彻。这不仅有助于学生形成正确的世界观、人生观和价值观，还能培养他们运用马克思主义理论分析和解决问题的能力。

然而，仅仅强调理论性是不够的。一些学生认为思政课内容抽象、不容易理解，这主要是因为理论与实践脱节。因此，我们必须在坚持理论性原则的基础上同时坚持实践性原则。实践是理论之母，理论来源于实践并高于实践，但最终需要回到实践中去检验和应用。通过引入实践性原则，我们可以将抽象的理论知识与具体的实践活动相结合，使学生在实践中深化对理论的理解和认识。

在思政课内容一体化建设过程中，坚持理论性与实践性相结合的原则具有多重意义。首先，它有助于解决关于思政课理论性的悖论，明确思政课不仅传播思想道德、人生修养等内容，更传授科学的马克思主义理论。其次，它为学生提供了理解和掌握思政课内容的有效途径。通过理论联系实际，学生可以将抽象的理论知识还原到实践中去理解和运用，从而加深对理论的认识和掌握。最后，这一原则还有助于培养学生的实践能力和创新精神。通过参与实践活动，学生可以锻炼自己的动手能力、团队协作能力和解决问题的能力，为未来的成长和发展奠定坚实的基础。

综上所述，这一原则不仅符合思政课的本质要求，也是培养学生全面发展、提高教学效果的重要途径。通过这一原则的实施，我们可以更好地发挥思政课在立德树人中的关键作用，为学生的成长成才和社会进步作出更大的贡献。

四、守正与创新相结合

守正，即守住正道，遵循客观规律办事；创新，则是在遵循客观规律的基础上，开展新的实践，形成新的认识和实践成果。二者辩证统一，共同推动着思政课教学内容的发展和完善。

守正是创新的基础。在思政课教学内容一体化建设中，我们必须认真总结过去的成功经验，遵循思政课内容发展的规律，保持其相对稳定。这意味着，我们不能随意改变思政课的核心内容和基本框架，而是要确保其科学性和系统性。只有这样，我们才能为学生提供一个清晰、连贯、有深度的知识体系，帮助他们形成正确的世界观、人生观和价值观。

然而，守正并不意味着停滞不前。创新是守正的目的，也是思政课教学内容一体化建设的必然要求。随着时代的发展和社会的进步，思政课教学内容必须不断与时俱进，融入马克思主义中国化的最新理论成果和社会时代发展的新要求。只有这样，我们才能确保思政课的教学内容始终与时代发展保持同步，具有针对性和实效性。

在思政课教学内容一体化建设中，守正与创新是相互依存、相互促进的。守正为创新提供了坚实的基础和明确的方向，而创新则为守正注入了新的活力和动力。二者相结合，可以推动思政课教学内容在保持稳定性的同时不断实现新的发展和突破。

因此，在大中小学思政课教学内容一体化建设中，必须坚持守正与创新相结合的原则。既要守住思政课的核心内容和基本框架，确保其科学性和系统性；又要不断创新，融入新的理论成果和实践要求，增强其针对性和实效性。只有这样，才能打造出一门真正符合时代发展要求、能够培养学生全面发展能力的思政课。

第四节　大中小学思政课教学内容一体化建设的实践路径

认识世界的最终目的是改造世界，而理论研究的根本目的则是指导实践，推动实践取得成功。这一理念同样适用于大中小学思政课内容一体化建设。对思政课内容一体化建设的学理探究，必须最终落实到实践层面，推动大中小学思政课内容实现真正的一体化。

第四章 大中小学思政课教学内容一体化建设

一、统筹推进思政课教材一体化建设

（一）建立一体化的组织管理机构

统筹推进思政课内容一体化建设，不仅是一项关乎教育体系完善的重大任务，更是实现立德树人教育目标的关键环节。这一任务的复杂性在于其涉及的学段广泛、课程内容多样以及教学目标的统一性要求。因此，建立一体化的组织管理机构对于确保这一任务的顺利推进和有效实现具有不可替代的重要性。

目前，思政课内容一体化建设在实践中遇到了诸多挑战，其中组织管理机构的不统一是最为核心的问题之一。中小学和大学的思政课教材分别由不同的机构负责编写和审定，这种"政出多门"的现象不仅导致了学段之间的壁垒，还使得教材内容在衔接、连贯性、规范性和避免重复等方面存在明显的问题。这种现状不仅影响了思政课的教学效果和学生的学习体验，更阻碍了思政课内容一体化建设的整体进程，使得立德树人的教育目标难以实现。

为了实现思政课内容一体化建设的"同步、同行、同向"，建立一体化的组织管理机构显得尤为迫切。这样的机构能够确保大中小学各学段、各门课程在一体化建设中的共同起步、行动一致和方向统一。只有这样，我们才能有效避免混乱和无效劳动，确保思政课内容的真正一体化，从而为学生提供一个连贯、一致且富有成效的学习体验。

建立一体化的组织管理机构能够统一指导、统筹、规划、组织和审查思政课课程标准和教材的编写工作，确保各项工作的有序进行和高效完成。同时，它还能够协调各方资源，形成合力，共同推动思政课内容一体化建设的深入发展。

现有的组织管理机构不统一是导致思政课内容一体化建设收效不大的重要原因之一。建立一体化的组织管理机构能够从根本上解决这一问题，消除学段壁垒，实现教材内容的连贯性和一致性。同时，通过优化资源配置，提高工作效率和质量，我们能够更好地满足学生的学习需求，实现立德树人的教育目标。

为了建立一体化的组织管理机构，可以从以下方面入手：

首先，在国家教材委员会下专门设立思想政治理论课教材编审委员会，该委员会将作为统筹和指导思政课内容一体化建设的核心机构。其职责将包括全面规划和指导大中小学思政课程标准和教材的编写、审查工作，确保各学段、各门课程在内容上的连贯性和一致性。

其次，思想政治理论课教材编审委员会应下设三个具体的工作部门：课程标准研制组、教材编写组和教材审查组。课程标准研制组负责深入研究和制定大中小学思政课课程标准，确保各学段课程目标的衔接和递进；教材编写组负责组织专业团队按照课程标准统一编写各学段、各门课程的思政课教材，确保教材内容的准确性和针对性；教材审查组则负责对编写的教材进行严格审查，确保其质量符合教育教学要求。

为了加强沟通与协作，思想政治理论课教材编审委员会应定期召开会议，邀请各学段、各门课程的代表参与，共同讨论和解决一体化建设中遇到的问题。同时，建立有效的信息共享机制，确保各学段、各门课程之间的及时沟通和协作，形成共同推进一体化建设的合力。

最后，为了保障思想政治理论课教材编审委员会的高效运行，应加大对其投入和支持。提供必要的人力、物力和财力保障，确保其能够充分履行职责，推动思政课内容一体化建设的深入发展。同时，加强对该委员会的监督和评估，确保其工作质量和效果。

综上所述，建立一体化的组织管理机构是统筹推进思政课内容一体化建设的迫切需求。只有通过这样的机构，我们才能确保思政课内容的连贯性、一致性和互补性，从而更好地发挥思政课在立德树人中的关键作用。同时，我们也应该认识到这一任务的长期性和复杂性，持续投入和努力，不断推动思政课内容一体化建设的深入发展。

（二）开展学生思想实际和教材使用现状调查研究

1.开展学生思想实际的调查研究

通过问卷调查、访谈等方式，全面了解不同学段学生的思想政治品德实际水平，包括他们的价值观、道德观念以及成长需要和面临的问题。在此基

第四章 大中小学思政课教学内容一体化建设

础上形成新时代学生思想政治品德现状调查报告，为思政课内容一体化建设提供数据支撑。报告应详细分析学生的思想政治品德状况，指出存在的问题和不足之处，并提出针对性的改进建议。同时，要根据学生的实际水平，科学合理地设置各学段思政课内容，避免内容重复，确保课程内容与学生实际水平相适应。在设计思政课内容时，还要注重增强课程的针对性和亲和力，满足学生的成长期待，提升学生的获得感。

2.开展教材使用现状的调查研究

从学生和教师两个角度，全面了解他们对思政课教材的评价。通过收集师生对教材知识性内容难易、价值性内容要求高低的反馈以及发现的教材内容重复、衔接、倒挂、规范性等方面的问题，形成思政课教材使用现状调查报告。报告应详细汇总师生的意见和建议，对教材使用的优点和不足进行客观分析，并提出改进建议。同时，要鼓励教师和学生提出对教材建设的具体意见和建议，这些意见和建议将成为改进教材的重要依据。

3.统筹推进思政课教材一体化建设

针对学生的思想状况及教材应用现状，应制订出一套科学且合理的思政课程教材一体化建设方案，明确一体化建设的目标、任务以及实施的时间规划，以确保各项工作的顺利推进。在教材内容的优化过程中，应根据不同学段学生的具体需求，对思政课程教材内容进行精细化调整和优化。同时，强化教材内容之间的衔接与连贯性，防止内容重复或倒置现象，从而提升教材的针对性和实际效果，增强学生的学习兴趣和满足感。在师资队伍建设方面，应加大对思政课教师的培训力度，提升他们的教学能力和专业素质。鼓励教师创新教学方法和手段，提高思政课的吸引力和感染力。建立完善的师资队伍建设机制，为思政课教材一体化建设提供有力保障。

（三）编写一体化的思政课教材

1.设立一体化的思想政治理论课教材编写机构

一体化的思想政治理论课教材编写机构的设立，旨在深度契合国家对于思政课教育教学的战略部署，将宏观指导细致化至教材编纂的每一个环节。通过精准把握各学段学生身心发展的阶段特征及认知规律，教材编写机构能够精心规划教材内容，确保其在不同学习阶段间既保持连续性，又体现差异性，实现无缝衔接与有机过渡。

此外，一体化教材编写机构还能够打破传统学段与年级界限，搭建起跨学段、跨年级的沟通桥梁。它鼓励并促进不同教育阶段的教材编写人员展开深度对话与合作，共同面对并解决教材编写过程中遇到的各种挑战与难题。这种开放式的协作模式，不仅能够激发创新思维，提升教材质量，还能实现教材编写资源的优化配置与高效共享，为构建更加科学、系统、连贯的思政课教材体系奠定坚实基础。

2.依据课程标准开展教材编写工作

课程标准是教材编写、教学实施、评估和考试命题的重要依据，因此，思政课教材的编写必须严格以课程标准为基本依据。在明确大中小学思政课的整体内容要求的基础上，我们需要科学合理地确定各学段、各册教材的具体内容，确保教材内容的衔接性、连贯性和递进性，避免重复和脱节现象的发生。

具体来说，编制一体化思政课教材需要采取"总—分—总"的建设模式。一是要实现大中小学思政课的整体内容要求，明确贯穿各个学段思政课教材内容的主题和主线，确保教材内容的连贯性和一致性；二是要依据课程标准对各学段思政课课程目标的设定和课程内容的规定，综合运用前期调查研究的结果，针对不同学段学生的特点和当前教材中存在的问题，科学合理地设置教材的具体内容，确保教材内容的针对性和实效性；三是要加强各学段、各册教材内容的衔接和递进，确保教材内容的循序渐进和螺旋上升，形成完整、系统的思政课教材内容体系。

3.健全一体化教材建设机制

大中小学思政课教材一体化建设需要一套健全的一体化教材建设机制作为保障，以确保各学段教材之间的无缝衔接与协同发展。这一机制的完善，不仅为思政课教材的一体化建设提供了坚实的制度和运行保障，也促进了不同学段、不同课程间编者与专家的紧密交流与合作。

根据《新时代学校思想政治理论课改革创新实施方案》的指导精神，加强彼此间的沟通交流与协同配合成为一体化建设的本质要求。为此，需重点推进以下几项机制建设：

第四章　大中小学思政课教学内容一体化建设

首先，建立大中小学思政课教材主编及主要编写人员的联席沟通制度，打破学段壁垒，促进各学段、各册教材编者之间的定期交流与深度研讨。通过"知己知彼"的相互了解，集体解决教材编写中面临的共性问题，如内容的重复、脱节、断层、倒挂及规范性问题等，确保教材内容的连贯性和科学性。

其次，健全一体化教材建设的编审专家库，将编写与审核工作明确分离并构建包含多元化专业背景的专家团队。专家库应广泛吸纳思政课学科专家、一线教师、中小学思政课教研员以及教育学、心理学等领域的学者，形成跨领域、跨学段的智力支持网络。同时，加强编写者与审核专家之间的有效沟通，充分发挥审核专家对教材建设的专业指导与监督作用。

最后，建立一体化教材建设监测反馈机制。教材的使用效果是检验其质量的重要标准，因此，需建立全面的监测体系，跟踪教材在教学实践中的应用情况，及时收集并处理教师与学生的反馈意见。通过综合研判评估，为教材的持续优化与修订提供科学依据，确保教材能够紧跟时代步伐，满足教学需求，实现育人目标。

二、系统开展大中小学思政课教学一体化实践

一体化的思政课教材，其使用必须与相适应的大中小学思政课一体化教学相匹配，这样才能确保教材内容体系能够顺利转化为教学内容体系。这种转化不是简单的复制或照搬，而是需要教师在深入理解教材内容的基础上，结合学生的实际情况和教学需求，进行有针对性的教学设计和实施。通过这样的方式，我们可以把思政课内容一体化的成果真正落实在教学实践中，让学生在实际学习中感受到思政课的连贯性和整体性。

当前大中小学思政课所使用的教材在内容一体化方面仍存在不少问题。因此，推进思政课内容一体化建设就必须基于这个实践，从教学环节入手，去解决当前思政课教材中的现存问题。

（一）强化思政课教师的一体化意识，打破学段壁垒

思政课教师应深刻认识到大中小学思政课教学一体化的重要性和必要性，明确自身在这一过程中的角色和责任，树立全局观念，将思政课视为一个连贯、系统的教育体系，而非孤立的教学单元。同时，应鼓励教师跨学段交流和学习，了解不同学段的教学内容和目标，以便更好地衔接和配合，并建立学段间的沟通机制，定期举行跨学段的教学研讨会，共同探讨和解决教学中的问题。此外，还需组织开展全员培训，提供大中小学思政课内容的总知识图谱和价值观图谱，帮助教师构建整体教学视野，使教师深入研究教材，明确本学段、本课程在整体教学体系中的位置和作用以及与其他学段和课程的关联。在此基础上，教师应精准定位本学段、本课程的教学内容，避免重复、断层、脱节和倒挂等问题，注重教学目标的明确性、内容的详略得当和深浅的适宜性，以提高教学效果。最后，利用大中小学思政课教师一体化备课机制、教学互听互评机制和网络平台，加强教师之间的交流和合作，分享教学经验、学情分析和教学方法，共同提升教学质量和效果。通过这些途径的综合实施，可以系统地推进大中小学思政课教学一体化实践，提高思政课的整体教学质量和效果。

（二）建设思政课教学一体化的机制和平台，加强沟通交流

系统开展大中小学思政课教学一体化实践，关键在于构建一套科学、合理且高效的思政课教学一体化机制与平台。这一机制与平台的建立，旨在打破传统教学中存在的学段、课程与学科之间的壁垒，实现思政教育资源的优化配置和共享，从而推动大中小学思政课内容的一体化发展。

1.建立大中小学思政课教师一体化备课机制

为了确保大中小学思政课教师能够全面参与并有效协作，思政课教师一体化备课机制应当建立一个多层次的备课体系。这一体系不仅包括同一学段教师之间的集体备课，还应涵盖同一学段与其他学科教师之间的交叉备课以及课程内部教师之间的深入研讨。这样的多层次备课体系能够促进教师之间的交流与合作，提高备课的质量和效率。

第四章　大中小学思政课教学内容一体化建设

在备课过程中，教师们需要注重沟通交流与协同配合，力求解决教材内容重复、衔接不畅、倒挂等现实问题，确保各个学段的思政课程能够有机地衔接，避免内容上的重复和脱节，从而提高教学的整体效果。

为了保障备课机制的科学合理运行，应当采取制度化、平台化、组织化的管理方式。制度化意味着需要制定明确的备课流程和规范，确保备课活动有序进行；平台化则强调利用信息技术手段，建立线上线下的备课平台，方便教师之间的交流与资源共享；组织化则要求建立专门的管理团队，负责协调和监督备课活动，确保备课工作的顺利进行。

通过这样的多层次备课体系和科学的管理方式，可以为思政课教学一体化实践奠定坚实的基础。这不仅有助于提升教师的专业素养和教学能力，还能够为学生提供更加连贯、系统的思政教育，从而更好地实现思政课的教学目标。

2.建立大中小学思政课一体化教学互听互评机制

为了进一步加强和改进思政课一体化教学，应当建立一个全面的互听互评机制。这一机制应涵盖不同学段之间的互动，包括小学、中学和大学等各个阶段，也要包括同一学段内不同课程之间的互听互评以及同一学段内不同学科之间的交流。此外，同一课程的教师之间也应进行互听互评，从而实现全方位、多角度的教学交流与评价。这一机制的设立，旨在促进大中小学思政课内容的一体化建设，强调在教学过程中加强沟通交流与协同配合的重要性。

通过建立健全的制度和平台并进行科学合理的组织和管理，可以确保互听互评机制的有效运行。这不仅有助于教师之间的相互学习和借鉴，还能促进教学相长，共同提升思政课的教学质量。通过这种方式，教师们可以分享各自的教学经验和方法，相互取长补短，从而不断提高自身的教学水平和专业素养。最终，这一机制将有助于培养出更多具有社会责任感和历史使命感的优秀学生。

3.建立大中小学思政课改革创新网络平台

思政课改革创新网络平台的建立应构建集信息发布、交流互动、成果展示、资源共享等多功能于一体的综合性网络空间，满足大中小学思政课教学一体化的实际需求。平台设计应注重用户体验和实用性，提高教师运用平台的能力和水平，确保平台能够成为教师之间交流经验、分享资源、共同创新的重要工具。同时，可以围绕平台组织开展丰富多彩的教研活动，推动大中小学思政课教学一体化实践的深入发展。

三、加强思政课内容一体化建设的科学研究

（一）总结思政课内容一体化建设经验

加强思政课内容一体化建设的科学研究，关键在于系统总结实践经验并深化理论探索。具体而言，应首先全面梳理大中小学思政课内容一体化建设过程中的各项举措与实践成果，包括组织架构、课程标准、教材编写、教学机制及平台构建等方面的实施情况与成效。通过对这些丰富实践材料的深入分析，提炼出成功经验和典型做法，为后续的改进与优化提供坚实基础。

同时，应注重跨学科、跨学段的综合研究，探索不同学段思政课内容的衔接点与进阶路径，确保教学内容既符合学生认知发展规律，又能实现螺旋式上升。在此基础上，加强对思政课教育对象的深入研究，精准把握学生各阶段的成长特点与需求变化，为教学内容的精准设计与实施提供科学依据。

此外，还应积极开展理论研究与学术交流，邀请专家学者参与研讨，共同探索思政课内容一体化建设的内在规律与发展趋势。通过定期举办学术论坛、研讨会等活动，促进研究成果的共享与转化，为大中小学思政课内容一体化建设的持续推进提供有力支持。

（二）加强对思政课对象的研究

思政课的根本任务是立德树人，因此大中小学思政课内容一体化建设必须要加强对思政课对象——学生的研究。精准掌握学生发展的阶段性特征，从特殊性中发现普遍性是深入推进大中小学思政课内容一体化建设的基础。以往思政课教学多是重视对学生的思想政治品德实际水平、认知规律的

研究，今后应更加重视对影响学生思想政治品德形成和发展的学生生理、心理、需要、行为和问题等方面进行全面的研究。只有加强对学生的研究，精准掌握不同学段和年龄层次学生的学情，才能科学合理地设计各学段、各门课程的思政的课程内容，才能做到精准施教，思政课才能取得实效，才能增强学生对思政课的获得感。

（三）加强对思政课教材一体化建设的研究

加强思政课内容一体化建设的科学研究，一个至关重要的途径是加强对思政课教材一体化建设的研究。这不仅关乎教学内容的连贯性和系统性，更直接影响到思政课的育人效果。为此，我们需要强化教材建设的基础理论研究，深入研究基础理论，明确教材建设目标，确保教材内容的科学性、权威性和针对性。同时，持续开展教材内容关系研究，深入分析不同学段、同一学段不同课程之间思政课教材内容的衔接点和差异点，厘清教材内容的要素与结构、逻辑与层次关系。此外，我们还需要优化教材表述方式与呈现形式，探索最适合学生接受和理解的教材内容表述方式，丰富论证材料，创新呈现形式，提高教材的吸引力和互动性。在此基础上，加强课程标准与教材、教学与评价之间的互动关系研究，确保教材内容与课程标准的一致性，探索适合不同教材内容的教学方法和手段，建立科学的评价体系。最终，通过这些措施的实施，不断提升思政课教材的科学性、权威性和针对性，为思政课内容一体化建设提供有力支持。

（四）探索思政课一体化教学规律

思政课一体化教学规律的探索过程要求从多个维度出发，全面把握思政课的本质要求和教学特点，以科学的方法指导实践，推动思政课内容的有效整合与深化。具体而言，可以从以下几个方面来把握：

第一，要明确思政课一体化教学的内涵与目标，即在不同学段之间实现思政课教学内容、方法、评价等方面的有机衔接和相互支撑，形成系统化、连贯性的教学体系，旨在培养学生的思想政治素养，引导他们树立正确的世界观、人生观和价值观，成为德智体美劳全面发展的社会主义建设者和接班人。

第二，要深入研究学生认知发展规律与思政课教学需求的契合点，依据教育学、心理学等理论，了解不同学段学生的认知特点、情感需求和学习方式，同时分析各学段学生对思政课教学的具体需求，为教学内容的设计提供依据，提高教学的针对性和实效性。

第三，要探索思政课一体化教学内容的组织与编排，对各学段思政课教学内容进行整合，确保教学内容的连贯性和系统性，并遵循螺旋式上升的原则，合理编排教学内容，逐步引导学生深化对思政课知识的理解和应用。

第四，创新思政课一体化教学方法与手段，针对不同学段学生的认知特点和教学需求，探索多样化的教学方法，并充分利用现代信息技术手段，丰富思政课教学手段，提高教学的生动性和互动性。

第五，构建思政课一体化教学评价体系。我们要建立多元化的评价体系，注重评价学生的思想政治素养、道德品质、实践能力等多方面的表现，并注重过程性评价与终结性评价相结合，及时发现问题、调整教学策略。

第六，加强师资队伍建设与教学研究。要加大对思政课教师的培训力度，提高他们的专业素养和教学能力，并鼓励教师积极参与思政课教学研究工作，探索适合本校、本学段学生的教学模式和教学方法。

思想政治课程内容的一体化构建是一项长期而系统的工程。作为思想政治课程一体化体系中的一个组成部分，内容的一体化构建必须在思想政治课程一体化的总体框架内进行规划和实施。在推进过程中，既要紧密关注思想政治课程一体化在实践和理论方面的最新发展动态，确保与之同步；同时，还需注重与其他组成部分的协调合作，以实现整体的协同推进。通过这样的方式，旨在全面促进思想政治课程的内涵式发展，进而提升其在育人方面的实际成效。

第五章 大中小学思政课一体化的教学方法运用

第一节　大中小学思政课一体化主题教学

一、大中小学思政课一体化主题教学的内涵释义

（一）主题教学的内涵

主题教学是一种富有深意和创新性的教学形态，其内涵丰富而多维。

首先，主题教学以某一主题为中轴，这一主题不仅是教学活动的核心，也是师生共同探究的焦点。这种教学方式打破了传统教学中知识点零散、缺乏系统性的弊端，通过主题的统领，将教学的各个要素如目标、内容、评价等有机地整合在一起，形成一个具有内在逻辑和连贯性的整体。

其次，主题教学强调书本知识与生活世界的联系。主题本身往往与社会生活密切相关，它不仅是学科知识的载体，更是连接学科与生活、理论与实践的桥梁。通过主题教学，学生可以更好地理解和应用所学知识，培养解决实际问题的能力。

最后，主题教学指向人的整体性发展。主题中蕴含着丰富的知识、精神等多方面的内容，旨在促进学生的全面发展。在主题教学的过程中，学生不仅可以获取学科知识，还可以培养思维能力、情感态度和价值观，实现知识与能力、过程与方法、情感态度与价值观的全面发展。

（二）大中小学思政课一体化主题教学的内涵

大中小学思政课一体化主题教学，作为一种创新的教学理念和实践模式，其内涵丰富而深远。它基于立德树人的根本任务，围绕特定主题，跨学段地开展思政课教学，旨在形成一个循序渐进、螺旋上升的主题教学序列。这一教学模式不仅强调教学的连贯性和系统性，还注重教学的针对性和实效性。

第五章　大中小学思政课一体化的教学方法运用

大中小学思政课一体化主题教学的贯通性体现在教学结构的合理布局和教育教学力量的统合。在教学结构上，它涵盖了主体、内容、方法和评价等要素，要求这些要素之间形成合理的布局，以提升教学的整体效果。这种合理布局不仅有助于各要素之间的相互作用和补充，还能确保教学的全面性和均衡性。在教育教学力量上，贯通性表现为资源整合、加强交流和协同合作。这要求大中小学思政课教师之间建立紧密的合作关系，形成一个教学的共同体，共同推动主题教学的深入发展。同时，学校、家庭和社会也要形成联动，为主题教学提供丰富的教学资源和支持。

大中小学思政课一体化主题教学的核心在于"一体化"与"主题教学"的有机结合。一方面"一体化"要求消除不同学段之间的界限，实现教学资源的共享与教学力量的协同，构建一个统一的教学环境。这有助于消除学段间的教学断层与重复，提升教学的连贯性与效率。另一方面"主题教学"则强调以特定主题为中心，围绕该主题进行深入的教学探究。此种教学方法能够使学生更深入地理解并掌握相关知识，同时培养他们的思维与实践能力。

（三）大中小学思政课一体化主题教学的特点

大中小学思政课一体化主题教学作为一种创新的教学模式，近年来在教育领域得到了广泛的关注和应用。该教学模式以主题为核心，通过整合不同学段的教学内容和方法，旨在实现学生身心的全面发展和思政素养的提升。大中小学思政课一体化主题教学具有以下几方面特点。

1.设计的灵活性

（1）横向视角的灵活性

每个学段内的主题教学如同一幅动态画卷，其核心在于不断变化的主题。每一堂课都承载着独特的主题，要求教师如同画家般，根据画面的需要（即主题内容），灵活调整教学过程中的色彩与笔触（即教学内容与方法）。这种灵活性确保了教学能够紧跟主题的脉搏，做到因材施教、因时制宜。正如放风筝时，教师需根据风筝（主题）的飞行状态（学生反馈与理解程度），适时调整手中的线（教学策略），或放或收，保持教学的张弛有度。

（2）纵向序列的灵活性

相同主题在不同学段被赋予了不同的深度与广度，以适应学生不断发展的身心状况和认知能力。思政课教师们需将各学段的教学内容与方法紧密相连，确保它们既各具特色，又循序渐进，共同服务于主题教学的总体目标。这种灵活性使得主题教学能够在学生成长的各个阶段都发挥其应有的作用，促进学生的全面发展。

（3）对学生生成性学习的灵活指导

在探究性学习中，师生间的互动与生生间的交流往往能激发出许多意想不到的生成性内容。这些内容如同课堂中的惊喜，要求教师具备高度的教育机智，能够迅速捕捉并灵活应对。不同学段的学生因其年龄与心理特征的不同，其生成性内容也各具特色。教师需像爵士乐手般即兴发挥，对学生的每一个创意和疑问给予积极的反馈与引导，鼓励他们勇于探索、敢于表达，从而在激发学习兴趣的同时，促进学生的个性发展。

2.时空的开放性

在大中小学思政课一体化主题教学的框架下，时间与空间被赋予了前所未有的开放性，这种开放性深刻影响着教学活动的组织与实施。主题教学，以其为核心，不仅向内深耕思政课的专业知识，向外拓展至学生的日常生活经验，还向中连接起各学段的思政课程，实现了知识、生活与价值的和谐统一。

（1）教学时间的延续性和长远发展

大中小学思政课主题教学构建了一个跨越学段的连续时间序列，每个学段都是这一序列上不可或缺的节点。这种设计不仅关注当前学段的教学成效，更强调学段间的相互关照与衔接，从而形成低学段前瞻、高学段回顾的互动机制，保持教学张力的同时也确保了教育目标的连贯性与一致性。此外，主题教学还着眼于学生的长远发展，认为课堂教学仅是成长的起点，真正的价值在于学生走出校园后，能在实践中不断深化对主题内容的理解与感悟，为终身学习和适应社会奠定坚实基础。

（2）教学空间的延展性

主题教学挣脱了传统教室的束缚，转而扎根于学生的生活空间之中。它认识到，学生的生活经验是广阔且丰富的，是教学不可或缺的资源。人的生活空间远不止于四壁之内,广阔的社会及其深远影响都是教育应当触及的领域。因此,主题教学鼓励学生走出教室,将学习置于真实的情境中,让教育与社会生活紧密相连,促进学生在真实世界中自主学习与深度思考。

(3)广泛资源的整合利用

在思政课一体化背景下,学校、家庭与社会共同构成了主题教学的丰富资源库。这些资源不仅为教学情境的创设、活动的设计及案例的选取提供了有力支持,还促进了教学内容的多样性与时代性。特别是随着信息技术的飞速发展,网络已成为新时代学生生活的一部分,其影响深远而持久。因此,网络不仅成为主题教学的新场域,更是一个庞大的资源库,为教学提供了无限可能。主题教学充分利用这些资源,不断创新教学方式方法,以适应新时代学生的需求与挑战。

3.主题教学评价的全面性

(1)评价内容的综合性

主题教学作为培养"整全人"的教育实践活动,其教学评价不再局限于知识与技能的单一维度,而是向学生的综合素质拓展。它不仅考量学生对知识的掌握程度,更重视学生品格的塑造、素质的养成以及人格的全面发展。这种综合性的评价内容,旨在促进学生的全面发展,培养其成为具有高尚品德、扎实学识和良好能力的时代新人。

(2)评价对象的差异化

主题教学评价深刻认识到每个学生的独特性,因此,评价对象不再是一个统一的标准模板,而是呈现出多样化的特点。在教学过程中,学生的参与程度、思维活跃度、情绪调节能力以及互动协作等方面都被纳入评价范畴。具体而言,"参与场"关注学生的主动性和投入度;"思维场"考察学生的创新能力和批判性思维;"情绪场"评估学生的自我调控和情感管理能力;"互动场"则衡量学生在团队合作中的沟通与交流能力。这种差异化的评价对象使得教学评价更加贴近学生的真实状态,有助于发现每个学生的优点与不足,从而提供个性化的指导和支持。

(3)评价主体的多元性

为了确保教学评价的客观性和全面性,主题教学评价打破了传统教师单一评价主体的格局,引入了多元化的评价主体。教育管理者、研究者、同行教师、教师本人、学生、家长以及社会人士都参与到评价过程中来，共同构建了一个全方位、多角度的评价体系。这种多元化的评价主体不仅拓宽了评价视野，也使得评价结果更加公正、合理。同时，各方力量的积极参与也为教学评价的持续改进和优化提供了有力支持。

二、大中小学思政课一体化主题教学的有效路径

（一）主题教学的引导与实现

在新时代背景下，大中小学思政课一体化主题教学成为落实立德树人根本任务、培养德智体美劳全面发展的社会主义建设者和接班人的重要途径。这一教学模式强调将思政课与学生的现实生活紧密相连，通过系统化、层次化的主题教学，引导学生深入学习、思考，最终形成正确的价值观和道德品质。

1.聚焦主题，扎根学生的"生活世界"

主题教学首先要扎根于学生的"生活世界"，将课程内容与学生的现实生活紧密结合，使思政课成为学生理解和适应社会的桥梁。

（1）增强时代感，紧跟国家政策与时事热点

思政课作为立德树人的关键课程，必须紧密关注国家政策导向和时事热点，将最新的理论成果和实践经验融入教学之中。例如，可以围绕"四个全面""四个自信"以及国家安全等时政主题进行教学设计，通过案例分析、专题讲座等形式，让学生深刻理解国家发展的重大战略和面临的复杂形势，增强责任感和使命感。

（2）与学生个体生活接轨，构建全方位的生活情境

思政课不应局限于课堂之内，而应与学生的家庭生活、校园生活、社会生活等各个方面紧密相连。教师可以根据不同学段学生的特点，设计贴近学生生活的主题教学活动。如在小学阶段，可以围绕"家庭责任"主题开展角色扮演游戏，让学生在模拟的家庭场景中体验责任与担当；在中学阶段，可

以组织以"班级建设"为主题的讨论会,引导学生思考如何为集体贡献力量;在高中和大学阶段,则可以结合社会实践、志愿服务等活动,让学生在真实的社会环境中锻炼能力、增长见识。

(3)强化实践教学,深化体验

实践教学是使主题教学"接地气"的有效途径。通过参观爱国主义教育基地、法制教育基地等,可以让学生在切身体验中感悟理论真谛,实现知行合一。例如,在传承红色基因主题教学中,组织学生参观革命遗址,了解党的光辉历程,赓续红色基因。

2.深化主题,引导学生"深度学习"

在聚焦主题的基础上,深化主题教学要求教师在教学过程中注重培养学生的思维能力、创新能力和实践能力。

(1)平衡规范性与开放性,落实学科知识

思政课作为一门学科课程,必须遵循一定的学科规范和教学要求。但同时也要保持开放性,鼓励学生主动思考、积极探索。在教学过程中,教师应围绕主题落实学科知识,筑牢学科底色;同时也要引导学生跳出课本框架,关注社会现实和时代变迁,形成自己的见解和判断。例如,在讲解中国特色社会主义理论体系时,可以引导学生结合当前国家发展实际和社会热点问题进行思考和分析;在讲解马克思主义基本原理时,则可以引导学生运用这些原理去解释和解决现实问题。

(2)创设情境教学,增强情境具象性与生动性

使用情境教学法能将理论知识的抽象概念具体化、生动化,从而点燃学生的学习热情和主动性。在思想政治课程的教学过程中,教师可以借助文字、图像、视频等多种媒介,构建与教学主题相契合的情境环境,使学生仿佛置身其中,直观地感受和领悟知识的内涵。举个例子,在讲授爱国主义这一主题时,教师可以通过播放爱国题材的电影片段或展示爱国人物的英雄事迹图片来营造情境;而在讲解法治理念时,则可以通过模拟法庭审判的环节,让学生亲身体验法律的庄严与公正。

(3)设计问题链与序列化活动,促进思维发展

问题设计和序列化活动是深化主题教学的重要手段。教师应围绕主题设计一系列有趣且开放的问题链引导学生逐步深入思考;同时设计序列化活

动，让学生在实践中锻炼能力、提升素质。例如，在讲解环境保护时，可以设计以下问题链："什么是环境污染？""环境污染对人类社会有哪些影响？""我们应该如何保护环境？"并围绕这些问题设计序列化活动，如实地考察环境污染情况、撰写调查报告、开展环保宣传等，让学生在实践中深化对环境保护的认识和理解。

3.升华主题，指向学生的"价值生成"

升华主题是思政课一体化主题教学的最终目标，它要求教师在教学过程中注重培养学生的价值观、道德观和世界观，对学生形成正确的价值导向并提高他们的道德判断能力。

（1）坚持价值引导，形成政治价值认同

思政课作为立德树人的关键课程，必须始终坚持正确的价值导向。在教学过程中，教师应注重培养学生的政治价值认同，引导他们树立正确的世界观、人生观和价值观。例如，在讲解中国特色社会主义理论体系时，教师应强调中国特色社会主义制度的优越性和生命力，引导学生坚定中国特色社会主义道路自信、理论自信、制度自信、文化自信；在讲解爱国主义时则应强调爱国主义的内涵和意义，引导学生树立正确的国家观念和民族意识。

（2）关注学生本身，引领对善的追求

思政课不仅要关注学生的政治价值认同，还要关注他们本身的成长和发展。在教学过程中，教师应注重培养学生的道德品质，引导他们追求真善美、抵制假恶丑。例如，在讲解道德规范时，教师可以结合具体案例引导学生分析道德行为的合理性和必要性；在讲解社会责任时，则可以组织学生参与志愿服务活动，让他们在实践中感受社会责任的重要性和意义。

（3）明确各学段价值目标，形成序列化教育体系

大中小学思政课一体化主题教学要求各学段之间形成有机衔接。在小学阶段教师应注重培养学生的道德情感和行为习惯，为他们打下坚实的道德基础；在初中阶段则应注重培养学生的思想基础和道德判断能力，引导他们形成正确的世界观和价值观；在高中和大学阶段则应注重培养学生的政治素养和社会责任感，引导他们为国家和社会的发展贡献自己的力量。通过明确各学段的价值目标，教师可以有针对性地设计教学活动和评价机制，确保思政课教学的有效性和针对性。

第五章　大中小学思政课一体化的教学方法运用

大中小学思政课一体化主题教学需要教师在教学过程中不断创新和实践，确保教学内容与学生的现实生活紧密相连，通过深度学习引导学生形成正确的价值观和道德品质，最终实现学生的全面发展。这一路径的实施不仅有助于提升学生的思想政治素质，还能为培养具有社会责任感、创新精神和实践能力的优秀人才奠定坚实基础。

（二）建立主题资源库为主题教学提供支撑与保障

主题资源库的建设，不仅仅是对各学段思政课教学资源的简单堆砌，还需围绕特定的教学主题进行深度整合与优化，旨在形成一个系统化、结构化的教学资源体系。在这个主题资源库中，每一个主题都将成为连接不同学段、不同课程内容的桥梁。通过精心挑选和编排，资源库将涵盖丰富多样的教学资源，如经典案例、时事热点、历史资料、专家解读等，这些都将紧密围绕思政课的核心主题展开。

对于思政课教师群体而言，主题资源库无疑是一座宝库，它不仅极大地简化了教学资源的获取流程，让教师能够迅速锁定并选用与教学需求高度契合的高质量素材，还显著增强了教学内容之间的内在联系与连贯性。这一平台使得教师在跨越不同学段、教授多样课程时，能够轻松共享并灵活引用资源库中的主题内容，确保学生能够在整个学习旅程中围绕某一核心主题进行持续且深入的探索与理解。尤为关键的是，主题资源库的建设促进了跨学段、跨学科教育资源的深度融合与共享，为教师们搭建了一个协同创新的平台。在此平台上，教师可以携手合作，共同规划并实施更加系统、连贯的教学方案，确保学生在成长的每一个阶段都能接受到全面而深刻的主题教育。

具体来说，建立主题教学资源库可采取以下步骤：

首先，要明确主题资源库的建设目标，即支持大中小学思政课一体化主题教学，促进教学内容的有机衔接和协同育人，并精选具有代表性和普遍性的主题。在资源整合与优化方面，需广泛收集与主题相关的教学资源，包括教材、教辅资料、学术论文、时事评论、多媒体素材等，并进行严格筛选、分类整理、优化与整合，以提高资源的质量和可用性。

其次，选择合适的平台搭建主题资源库并提供必要的技术支持，确保平台的稳定性、可扩展性和易用性。为了保持资源库的活力和时效性，还需定期更新资源，加强用户反馈机制，对资源库进行调整和优化。

最后，通过加强不同学段之间的沟通和协作以及鼓励思政课与其他学科之间的合作与交流，共同开发跨学科的教学资源和案例，实现协同育人的目标。建设主题资源库需要从多个方面入手，包括明确建设目标与主题选择、资源整合与优化、平台搭建与技术支持、持续更新与维护以及促进协同育人，以建立一个丰富多样、高效便捷的主题资源库，为思政课教师提供有力的教学支持。

通过建立主题资源库，可以有效整合和优化各学段思政课的教学资源，为思政课教师提供丰富多样的教学资源获取渠道，促进教学内容的有机衔接和协同育人，为实现大中小学思政课一体化主题教学提供有力的资源保障。

（三）主题教学的反馈与评价

主题教学作为思政课的一种有效教学模式，通过围绕特定主题展开教学，不仅能够增强教学的针对性和实效性，还能促进各学段之间的有效衔接。然而，要确保主题教学的持续有效，必须构建一套科学、全面的反馈与评价机制。

1.评价目标坚持"两个统一"

（1）知识与价值的统一

在主题教学中，知识是载体，价值是灵魂。评价目标不仅要关注学生对主题相关知识的掌握程度，更要重视这些知识如何转化为学生的内在价值观和态度。具体来说，思政课主题教学应围绕某一核心主题，如"社会主义核心价值观""习近平新时代中国特色社会主义思想"等，通过系统化的课程设计，使学生不仅能够理解这些主题的基本概念、理论框架，更能够将这些知识内化为自己的信仰和追求，形成正确的价值判断和价值选择。

为了实现知识与价值的统一，评价过程中应注重以下几个方面：一是通过课堂测试、作业检查等方式，量化评估学生对主题知识的掌握情况；二是通过案例分析、小组讨论、角色扮演等教学活动，观察学生在运用知识解决实际问题时所表现出的价值观倾向；三是通过问卷调查、访谈等方式，直接了解学生对主题价值的认同程度和内化情况。

（2）理论与实践的统一

在主题教学中，这一原则体现为将理论知识的学习与实践活动的参与紧密结合，使学生在实践中深化对理论的理解，同时用理论指导实践。评价目标也应坚持理论与实践的统一，即不仅要评价学生对理论知识的掌握情况，更要评价学生将理论知识应用于实践的能力。

为了实现理论与实践的统一，评价过程中可以采取以下措施：一是设计贴近学生生活实际的实践活动，如社会调查、志愿服务、模拟法庭等，让学生在实践中运用所学知识；二是建立实践活动的反馈机制，及时收集学生在实践中的表现和感受，并将其作为评价的重要依据；三是鼓励学生在实践活动中进行反思和总结，形成书面报告或口头汇报，并将其作为评价学生实践能力的参考。

2.形成多元化评价主体

多元化评价主体包括教师、学生、家长以及社会人士等，他们可以从不同的角度和层面对主题教学进行评价，为教学的持续改进提供有力支持。

（1）教师评价

教师作为主题教学的关键组织者和执行者，一方面教师应积极进行自我评估，通过教学反思日记、教学录像回顾等方式，深入剖析教学行为，识别优点与不足，提出具有针对性的改进措施。这种自我驱动的评价机制有助于教师持续成长，提升教学质量。另一方面鼓励同行评议与专家指导，通过教学观摩、案例研讨等形式，让同行与专家从专业角度为教师提供反馈，促进教学技能与理念的交流与提升。

（2）学生评价

学生是学习过程的直接参与者，其声音在评价体系中不可或缺。首先，应提升学生的自我评价能力，鼓励他们通过自我反思、填写评价量表或撰写学习日志等方式，深入剖析学习过程中的得与失。这种自我评价不仅能够帮助学生自我认知，还能激发其内在学习动机，增强学习的主动性和自主性。其次，教师应积极倾听学生关于教学活动的反馈，如课堂活动的喜好、收获感等，及时调整教学策略，确保教学活动贴近学生需求，培养其平等与民主意识。

（3）家长和社会人士评价

家长和社会人士作为主题教学的外部利益相关者，他们的评价对于评估教学成效和社会反响具有至关重要的作用。家长能够通过与孩子的日常交流和细致观察，洞悉孩子在思政课主题教学中的表现及所经历的变化；而社会人士则可通过参与学校的开放日活动、聆听学生的社会实践报告等途径，深入了解思政课主题教学的实际成效和社会价值。

为了最大化地利用家长和社会人士的评价功能，学校应构建家校沟通机制和社会反馈体系，定期向家长和社会人士报告思政课主题教学的最新进展和成果，积极征求他们的意见和建议，并据此作出相应的调整和优化。此外，学校亦可邀请家长和社会人士参与思政课主题教学的规划与执行过程，共同营造一个家校协同和社会共育的积极环境。

3.评价方式坚持"终结性"和"过程性"相统一

在主题教学的反馈与评价中，坚持"终结性"和"过程性"相统一的评价方式是实现全面、客观评价的关键所在。终结性评价侧重于对教学效果的最终结果进行量化评估；过程性评价则关注教学过程中的各个环节和要素以及学生的动态发展变化。

终结性评价作为衡量思政课程主题教学成效的一种关键量化手段，常以考试和测验为载体，其能有效评估学生对知识点的掌握深度与广度，为教学效果的直观评判提供了重要依据，能够帮助学生明确学习目标，调整学习策略，同时也为教师提供了基于实证数据的教学反思与改进方向。然而，必须清醒认识到，终结性评价的局限性不容忽视。它如同一张静态快照，仅捕捉了学生在某一特定时间节点或知识领域内的表现，难以全面描绘出学生综合能力、学习态度及情感价值观的动态发展轨迹。因此，在思政课程的主题教学实践中，我们不能将终结性评价视为唯一的评价标尺，而应秉持一种更加全面、多元的评价观念。强调过程性评价的重要性，正是为了弥补这一不足。

过程性评价是全面、细致地评估主题教学各环节、要素以及学生动态发展变化的关键方式。过程性评价贯穿于教学的全过程，涵盖课前准备、课堂实施、课后反思等各个阶段。在思政课程的主题教学中，过程性评价应关注以下几个方面：首先是教师的教学准备，包括教案设计和教学资源的准备；

其次是课堂实施过程中的师生互动、学生的参与度以及教学方法的应用；最后是课后反思和总结，涉及教师对教学效果的反思和改进意见以及学生对学习过程的自我反思和总结。

过程性评价的优势在于它能够全面反映学生的综合素质和动态发展变化，从而能为教师和学生提供及时、有效的反馈和指导。同时它也能够促进教师和学生之间的交流和合作，从而能够形成共同学习和进步的良好氛围。因此，在思政课主题教学中，我们应充分重视过程性评价的作用并将其与终结性评价有机结合起来，以实现全面、客观的评价效果。

第二节 大中小学思政课一体化探究式教学

探究式教学是以"问题"为核心的教学方法，厘清探究式教学的相关概念，有利于探究式教学高质量应用于大中小学思政课堂之中，提高思政课的教学效率，提升思政课育人价值。

一、探究式教学的内涵

（一）探究式教学的概念

探究式教学，作为一种深刻体现现代教育理念的教学模式，其核心聚焦于学生的主体性，倡导通过自主与合作的探索过程来获取知识、锤炼学习技能并提升综合素养。这一模式标志着教育范式的根本性转变，即从传统的知识灌输迈向能力培养与素质提升的广阔天地。

在此教学模式下，教师的角色经历了深刻的重塑，他们不再是单纯的信息传递者，而是转变为学生学习旅程中的智慧导师与同行伙伴。教师精心策划富含挑战与启发性的探究情境，巧妙设问，以此激发学生的好奇心与探索欲，引导他们主动踏入知识的海洋，深入探索未知领域。这一过程中，学生被赋予主导权，他们需运用多样化的方法和策略去挖掘问题、剖析难题并勇于尝试解决之道，这一过程不仅考验了他们的知识积累，更锤炼了他们的思维能力与实践技能。

探究式教学的精髓在于"探究"二字所蕴含的无限可能。它鼓励学生直面问题，勇于探索事物的内在规律与本质，通过不懈的努力与尝试，逐步揭开知识的神秘面纱。在此过程中，学生不仅能够实现知识的累积与深化，更重要的是，他们的创新思维、批判性思维以及解决实际问题的能力都能得到前所未有的锻炼与提升。同时，探究式教学还高度重视学生的亲身体验与感悟，让学生在实践中学习，在学习中感悟，从而深刻理解知识的内涵与价值。

综上所述，探究式教学以其独特的魅力与深远的意义，成为推动教育创新与发展的重要力量。它完美融合了学生的主体地位与教师的主导作用，通过构建开放、互动、探索的学习环境，有效促进了学生学习能力、创新思维能力与实践能力的全面发展，为学生的终身学习与成长奠定了坚实的基础。

（二）思政课探究式教学的特点

探究式教学作为一种创新的教学理念和方法，其在思政课中的应用展现出了独特的魅力和价值。思政课作为培养学生思想政治素质的重要课程，其教学方式方法的创新对于提高教学效果、培养学生综合素质具有重要意义。探究式教学在思政课中的应用，不仅改变了传统的教学方式，还带来了诸多积极的变化和特点。

1.从接受到发现的转变

探究式教学颠覆了传统思政课单纯的知识传授模式，转而聚焦于问题的发现与探索。它以学生为中心，将问题视为探究的起点，鼓励学生从被动接受转为主动发现。这一过程不仅增强了学习的趣味性，还培养了学生的问题意识和探索精神。通过提出具有开放性和建构性的问题，无论是教师还是学生，都能基于各自的经验与知识背景，共同参与到问题的构建与解答中，体验知识形成的奇妙旅程。

2.从被动到主动的角色重塑

传统思政课堂常陷入知识灌输的窠臼，导致学生兴趣缺失，学习动力不足。而探究式教学则通过激发学生的内在动力，促使他们从被动接受转为主动探索。学生成为课堂的主体，能够自主规划学习路径，积极投入问题的发现、分析、解决及反思全过程。这种主动性的提升，不仅增强了学习效果，还极大地提升了学生的学习积极性和自信心。

3.从自主到合作的团队协作

探究式教学强调合作探究的重要性，鼓励学生以团队形式共同解决问题。这种合作方式不仅促进了学生之间的交流与互助，还培养了他们的团队精神和协作能力。在团队中，每位成员都为共同目标努力，个人的贡献都能得到认可，从而增强了自我价值感和成就感。同时，合作过程中的思维碰撞也激发了更多创新火花，提高了学习效率。此外，合作探究还促进了师生关系的和谐，营造了民主、平等、宽松的学习氛围。

4.从依赖到独立的成长飞跃

探究式教学充分尊重学生的独立学习能力，往往通过创设问题情境、提出挑战性问题等方式，激发学生的独立探究欲望。它打破了传统教学中学生对教师过度依赖的局面，鼓励学生依靠自己的力量去发现问题、解决问题。这一过程不仅帮助学生掌握了知识，更重要的是培养了他们的科学探究精神和独立学习能力。学生逐渐从"学会"转变为"会学"，实现了从依赖到独立的成长飞跃。

二、探究式教学在大中小学思政课中运用的有效策略

探究式教学作为一种创新的教学理念和方法，其在大中小学思政课中的应用对于提高教学效果、培养学生综合素质具有重要意义。为了更好地发挥探究式教学的优势，以下将系统展开分析探究式教学在大中小学思政课中运

用的有效策略，具体从树立探究式教学理念等方面进行详细阐述。

（一）树立探究式教学理念

探究式教学理念强调学生的主体地位，鼓励学生通过主动探究、合作学习和实践体验来深入理解和掌握知识。在大中小学思政课中树立探究式教学理念是推动思政课程改革和创新的重要举措，为了更有效地运用探究式教学，可以从以下几个方面来树立和深化这一理念。

1.守正探究理念，创新探究策略

探究式教学的核心在于"守正"与"创新"的完美结合。所谓"守正"，是指坚守探究式教学的核心价值，如强调学生的主体地位，鼓励学生主动探究、合作学习，注重实践体验等。这些原则是探究式教学能够有效提升学生综合素质的关键，因此必须得到坚守和发扬。而"创新"则是在坚守核心价值的基础上，不断探索和创新教学方法。随着时代的发展，学生的学习方式、信息获取渠道以及思维方式都在发生变化。因此，探究式教学也需要与时俱进，不断创新，以适应这些变化。例如，教师可以利用现代信息技术，如网络教学平台、多媒体教学资源等，来丰富探究式教学的形式和内容，使其更加生动、有趣，更能吸引学生的注意力。

在探究式教学的核心原则指导下，教师可以采取一系列具体的策略来创新探究式教学。例如，精心选择和设计探究主题，使其更加贴近学生的生活实际和兴趣点；优化探究过程的设计，注重引导学生的深入思考和合作探究；转变课堂教学评价方式，注重过程性评价和多元化评价等。

2.更新探究理念，强化一体化意识

一体化意识强调不同学段之间的衔接与融合，注重课程内容的连贯性和整体性以及教学模式的协同性和互补性。通过更新探究理念、强化一体化意识，可以更好地发挥探究式教学的优势，提高思政课的教学效果和育人价值。

传统的探究式教学往往注重学生的自主探究和合作学习，但在大中小学思政课程中，需要进一步拓展探究式教学的内涵和外延，这要求我们要关注学生的自主探究和合作学习过程，注重探究结果的实践应用和社会价值，还

第五章　大中小学思政课一体化的教学方法运用

要将探究式教学与课程内容的整体性、连贯性相结合，确保学生在不同学段都能够获得全面、系统的思政教育。

为实现这一目标，强化一体化意识成为关键。具体策略包括：首先，构建跨学段统一的教学大纲与标准体系，明确各学段间的知识递进与能力培养要求，确保教学内容的连贯性和教学目标的一致性；其次，促进跨学段教师间的深度交流与合作，通过定期的教研活动和教学经验分享，打破学段壁垒，实现教学资源的优化配置与共享；最后，利用现代信息技术搭建跨学段教学平台，实现教学资源的数字化、网络化与智能化管理，促进师生互动与学段间的无缝对接。

在实践层面，教师应积极参与专业培训与学术交流，不断吸收新的教学理念与方法，提升自身的教学创新能力；学校应成为推动一体化教学的桥头堡，通过组织多样化的跨学段教研活动，激发教师的教学热情与合作精神；同时，政府和教育部门应发挥引导作用，出台相关政策与支持措施，为思政课程的一体化建设提供坚实的制度保障与资源支持。通过这些努力，我们有望构建一个更加高效、协同、开放的思政教育体系，为学生的全面发展奠定坚实的基础。

3.深化探究理念，把握思政学科本质

探究式教学的核心在于凸显学生的主体性，倡导学生通过积极的探索、协作学习以及实践体验来深刻理解和掌握思想政治学科的核心概念与原理。为了充分展现探究式教学的潜力，必须进一步深化探究理念并精确理解思想政治学科的实质。

深化探究理念，意味着在探究式教学中更加重视学生的主体地位和主动性。相较于传统思想政治课程中教师讲授和学生被动接受的模式，探究式教学强调学生主动参与和探索过程的重要性。因此，思想政治课教师应转变教学思维，将课堂主导权交还给学生，使学生在探索过程中成为学习的主导者，同时培养学生的批判性思维和创新能力，激励他们对思想政治学科的问题进行深入的思考和独立的探索。

作为一门特殊的学科，思想政治学科的本质在于培养学生的政治思想素质和道德品质。因此，在探究式教学中，教师需要精确掌握思想政治学科的核心概念和原理，并将其融入整个探索过程，将学科知识与学生的现实生活紧密结合，使学生在探索过程中体验到思想政治学科的实用性和价值性。

在实际操作中，教师可以通过以下方式深化探究理念并把握思想政治学科的实质：首先，设计具有挑战性和探索性的问题，引导学生进行深入思考；其次，组织学生进行小组合作探索和讨论，促进学生在交流中碰撞思想火花，激发创新灵感；最后，将探究式教学与实践活动相结合，让学生在实践中体验和感悟思想政治学科的魅力和价值。

（二）明确探究式教学目标优化策略

探究式教学目标的设计与实施是思政课教学成效的关键。针对当前探究式教学目标设计中存在的问题，如目标表述不清晰、与核心素养脱节、学情分析不足等，本节提出以下优化策略。

1.基于课标，明确表述探究目标

课程标准是教学的指南针，为教学目标的制定提供了明确的方向。在探究式教学中，教师应首先深入研读大中小学思政课课程标准，理解其核心理念、内容标准和实施建议。在此基础上，结合政治认同、科学精神、法治意识、公共参与等学科核心素养，科学制定探究课堂教学目标。

目标的表述应具体、明确，具有可操作性。教师应将课程标准和课程内容具体到每一个探究问题上，确保目标既不过于笼统，也不偏离课程核心。同时，目标的制定还需考虑探究活动对核心素养培养的意义，确保探究活动与目标紧密相连，为探究课堂教学的有效开展奠定坚实基础。

2.转变理念，指向核心素养目标

学科核心素养是学科育人价值的集中体现，是教学目标的重构和升级。在制定探究式教学目标时，教师应转变传统理念，将目标指向学科核心素养，确保每一项具体目标都能发挥立德树人的作用。为实现这一目标，教师应坚持政治性和学理性相统一、价值性和知识性相统一等原则，增强思想政治课的思想性、理论性、针对性和亲和力。在设计目标时，教师应以课标为本位，钻研教材内容，找寻核心素养目标的生长点，并科学地表述教学目标。同时，教师还应深入研读课标和教材，确保每一份教学目标的设计都能指向学科核心素养。

3.分析学情，合理设计探究目标

针对思想政治理论课在大中小学不同阶段的实施，学情分析要求教师深入洞察学生的个性化特征、心理发展阶段、学习习惯及学习方法的适应性等多方面因素。

鉴于大中小学的学生各自独特的心理发展特征，教师在设计探究式教学目标时需采取具有针对性的策略。首先，教师应巧妙构建教学情境，激发学生的好奇心与探索欲，营造积极向上的探究氛围。通过生动有趣的情境设置，引导学生主动投入对特定主题的深度探究，从而有效提升其探究能力。

其次，教师应认识到课堂教学的效率与效果并重，合理安排探究时间，确保学生有足够的时间进行深入思考与讨论。在问题设置上，既要保证问题的深度与广度，以激发学生的深层思考，又要确保问题难度适中，让学生在可理解的范围内展开探究，从而实现与问题的有效互动。

最后，教师在设计探究活动时，需紧密联系教材内容，确保探究问题与课程目标、教学重难点相契合。通过逻辑清晰、层次分明的问题设计，引导学生在探究过程中深化对教材内容的理解，实现知识的迁移与应用。

学情分析是一个持续动态的过程，需要教师采用多元化的方法，如问卷调查、分层抽样、个别访谈及大数据分析等，以全面、准确地把握学生的学习状态与需求。在制定探究式教学目标时，教师还需充分考虑地区、学校及班级间的差异，因地制宜、因材施教，以促进学生全面、个性化的发展。

（三）丰富探究式教学内容

探究式教学内容的丰富性和多样性直接影响着学生探究学习的效果和思政课的实践效用。为了进一步优化探究式教学内容，我们可以从适当拓展、打破传统、与时俱进三个方面入手。

1.适当拓展，充实探究内容

探究式教学内容应当与时俱进，不断充实和更新。

首先，拓展红色资源。红色资源是思政课重要的教育资源，具有特殊的教育价值。我们可以将红色革命精神、红色文化纪念馆、红色影视作品等融入探究式教学，使学生更加认同中华人民共和国、中华民族、中华文化，增强民族自信心。

其次，拓展地方特色文化。将极具地方特色的文化作为探究内容能够更好地帮助学生了解各地的文化特征，增强民族凝聚力。教师可以因地制宜地开发地方特色思政课程资源并优化教学设计，使探究式课堂更加生动有趣。

最后，拓展中华优秀传统文化。中华优秀传统文化是中华民族的瑰宝，将其融入探究式教学可以增强学生的文化自信。教师可以建构中华优秀传统文化资源融入探究式教学的实践路径，并创新教学形式，如加入演讲、辩论、舞台剧等，以生动形象的方式展示中华文化的精神力量。

2.打破传统，融合探究内容

随着时代的发展，打破学科壁垒的融合教学已经成为教育的时代趋势。在思政课探究式教学中，我们也可以实现学科内容上的融合，以引导学生从不同的学科视角出发，创造性地开展探究。

以政治、历史学科的融合为例，可以将历史学科的知识融入思政课探究式教学。这需要教师做好"融合"的准备，深入研读历史课标和课本，寻找二者之间的联结点。同时，教师还可以跨学科听课、吸取历史学科教学经验并丰富自己的历史知识储备。在探究活动中，教师可以依托历史事件开展活动探究，引导学生将历史知识迁移到政治课的探究活动中来。此外，教师还可以延伸历史思维，贯彻综合探究，以实现活动探究预期的教学目标。

3.与时俱进，创新探究内容

思政课教学内容要顺应时代发展潮流，与时俱进。创新探究内容可以彰显探究式教学思路的开放性和创新性。

首先，思政课教学内容要坚持正确的政治导向，确保理论的准确性和权威性，加强正面的思想引导。在选择探究式教学内容时，教师要注重其政治性、理论性和思想性。

其次，探究式教学内容的选择要根据时代热点加以适当的丰富和补充。教师可以将时代大事件作为探究主题，以开阔学生的视野并增强思政课教学的时代性。通过时政热点把时代性的活水引入探究式课堂，可以让学生获得更加深刻的理解并培养独立探究的能力。这将使思政课堂永远充满生机与活力，并增强教学的实效性。

（四）优化探究式教学形式

1.有机结合，科学运用探究形式

自我探究与合作探究是探究学习的两种方式，各具特点和要求。为创建高效思政课堂，教师应将这两种探究方式有机结合，充分发挥其最大效能。

首先，教师应根据不同的学习任务选择探究方式。对于相对容易的探究问题，学生可独立完成，那么便选择自我探究；对于复杂或具有综合性的探究问题，学生需合作完成，那么便选择合作探究。这样的选择既能提高学生独立解决问题的能力，又能培养学生的科学精神与合作意识。其次，教师应根据不同的学习阶段选择不同的探究方式。自我探究适合放在课前预习或一堂课的开始阶段，有助于学生初步理解问题并形成自己的观点；而合作探究更适合在课堂中进行，针对难以解决的问题，教师可以引导全体学生集体思考、讨论交流，此时自我探究也穿插渗透在整个过程中，有助于深化学生对问题的理解。最后，教师在选择探究方式时，应综合考虑探究情境、探究问题的难度以及教师的参与度等多个方面，以实现教学目标并促进学生的深度学习。

2.资源共享，高效利用网络教学形式

现代信息技术的发展为网络教学平台的应运而生提供了条件，这些平台为探究式教学的实施提供了一定的支持。从网络教学平台自身的价值而言，其拥有海量的学习资源，具有灵活性，学生可以随时随地进行学习，开阔国际视野。同时，这也有利于提高思政课教师的信息技术素养和专业化发展水平。从网络教学平台与探究式教学的结合来看，教师可以在课前和课后两个阶段利用网络教学平台发放学习任务、提供多样资源、检查学生学习情况并实现实时交流。这样的教学方式既能激发学生的学习兴趣，又能提高教学效果，实现资源共享和高效利用。

3.内容重构，创新应用多样化探究形式

思政课的教学应综合运用多种教学方法，开展协同教学。探究式教学可以与议题式教学法、情境体验法、实践教学法等结合起来，对教材内容进行适当拓展，并引导学生主动参与到课堂内容的重构中。探究与议题式教学法结合时，教师应选择与学生感兴趣的历史或现实问题相关的议题进行探究，

以激发学生的探究兴趣和思维活力。探究与情境体验法结合时，教师应设定、模拟、重现一种情境，引导学生在情境中展开探究并获得情感体验，以增强学生对知识的理解和应用能力。探究与实践教学法结合时，教师应引导学生在课后进行社会实践以深化探究主题并增强对知识的理解，培养学生的实践能力和社会责任感。

第三节　大中小学思政课一体化启发式教学

一、启发式教学的内涵

（一）启发式教学的概念

启发式教学是一种基于学生身心发展规律和教育规律，旨在通过教师的精心设计和引导，激发学生的主动性和积极性，促使他们积极、主动地进行思考和学习的教学思想。这种教学方法不仅关注学生的知识获取，更注重培养学生的解决问题能力、思维能力和创造力。从宏观层面看，启发式教学是一种教学指导思想，强调以学生为中心，注重学生的主体性发展，鼓励学生自主探索和学习。从中观层面讲，它是一套教学方法论体系，要求教师在教学过程中采用多种方式，如创设问题情境、启发式提问、演示启发等，来激发学生的兴趣，引导他们自我思考，培养他们发现、探究和解决问题的能力。而在微观层面，启发式教学则具体体现为一系列的教学策略和技巧，如通过引导学生发散思维、鼓励他们积极参与课堂活动来实现教学目标。

启发式教学的核心在于"启"与"发"的相互作用，即教师的启发与学生的主动发展相结合。教师通过巧妙的教学设计，激发学生的学习兴趣和求知欲，引导他们主动思考、积极探索，从而在掌握知识的同时发展自己的智能和个性。这种教学方式体现了教育的人本主义精神，注重培养学生的自主学习能力和创新精神，是现代教育理念的重要体现。

随着教育改革的不断深入和科学技术的发展，启发式教学也在不断丰富和发展。现代启发式教学更加注重学生的主体地位和个体差异，强调因材施教和个性化教学，旨在通过多样化的教学手段和策略，满足不同学生的学习需求和发展潜力。同时，启发式教学也注重与现代教育技术的融合，利用多媒体、网络等现代信息技术手段，提高教学效果和学习体验。

（二）启发式教学运用的原则

1.适时性原则

适时性原则强调在合适的时机进行启发，即当学生处于追求知识的急切、迷茫心理状态时，教师应给予适时的指引。这一原则要求教师时刻关注学生的学习状态，选择在学生有强烈学习意愿和表达欲望时进行启发，以充分激发学生的学习热情，使教学效果达到最佳。

2.针对性原则

针对性原则指出启发式教学应针对学生遇到的疑难问题进行，从学生思路受阻的地方出发予以引导。在实际的思政课教学中，学生在认知、能力、情感等方面存在着差异，因此，启发式教学需要针对不同学生的特点，采取不同形式的启发方法，以最大程度地启发学生的思维，达到预期的教学效果。

3.熟悉性原则

熟悉性原则强调启发式教学应通过学生熟悉的知识、事物来启发学生，以消除学生的陌生感，使学生易于发散思维，思考问题。这一原则要求教师在选择启发材料时，从学生熟悉的生活、思想等方面入手，建立新旧知识之间的联系，帮助学生快速理解、接纳新知识，从而有效地提升学生的认知水平和思考能力。

4.层次性原则

层次性原则指出启发式教学应由易到难、由浅入深地进行，逐步提升学生的知识水平、思考能力和自我学习能力。教师在运用启发式教学时，需要全面分析学生的知识储备、认知情况、学习能力等多方面因素，确保每位学生都能在教学中有所收获。在实际教学中还应注意难易程度的配比，兼顾不同层次的学生，通过适度调整教学难度，实现全体学生的自我提升和进步。

二、启发式教学在大中小学思政课中运用的有效策略

（一）加强启发式教学在大中小学思政课中运用的顶层设计

1.构建具体连贯的启发目标体系

启发目标体系应着眼于学生的知识、情感、能力三个方面的均衡发展，确保教学目标既具体又切实可行。在制定启发目标时，要依据思政课教学目标，结合启发教学的自身规律和学生的身心特点，制定具体、切实的启发目标，并针对不同学段、年级、学期和内容，设定差异化的启发目标，以增强教学的针对性和实效性。同时，设置均衡的启发目标也是关键，要确保知识、情感、能力三方面的目标均可量化、可表现，并遵循学生的实际情况和教学总规划，避免超前或滞后于学生的发展阶段。

2.丰富启发内容体系

启发内容的选择应紧跟时代发展，关注教学中存在的问题并确保内容与思政课教学目标、教材以及学生的实际生活紧密相关。要坚持用习近平新时代中国特色社会主义思想铸魂育人，根据学生的认知水平和各学段思政课教学目标，统筹安排启发教学的内容与学习深度。同时，采用形象化、生活化、生动化的方式阐述启发内容，以缩小与学生的距离感，产生共鸣。此外，加强思政课教材的一体化建设也是必不可少的，要解决大中小学思政课教材中存在的"知识重复"和"知识断档"问题，编写纵向合理衔接、难度螺旋上升的思政课教材，以增强启发内容体系的科学性、时代性和衔接性。

3.不断充实启发方法体系

启发式教学需要选择与学段教学相符的、恰当的方式方法。在大中小学思政课中运用启发式教学时，应形成学段独立启发与各学段连续启发的合力。要丰富启发式教学的方法库，包括语言启发、问题启发、案例启发、情景启发等多种方法，并根据不同学段学生的特点选择合适的方法，或多种方法结合使用，以发挥其最大作用。同时，充分利用网络推进启发式教学方法的创新也是必不可少的，要利用多媒体教学、网络教学等方式增强学生的直观感受和学习效果，探索虚拟实践教学等网络教学新方法，利用VR、AR等技术开展思想政治教育，并提升教师线上教学的能力，选择恰当的启发方法以适应线上教学的需求。

4.增强多维度的启发式教学评价体系

为了确立多向度的学生评价，需要注重学生的发展性评价、学习过程性评价以及创新性评价。同时，评价体系要重视多主体的联合评价，联合学生、教师、家长、社会等多方面的力量进行教学评价，并设立专门的网络教学评价平台，降低组织评价的成本并增加多人参与评价的可行性。此外，引入第三方的科学评价也是必不可少的，要建立独立的、专门的第三方教学评价机构进行科学的教学评价，构建完整的评价指标体系并分析这些指标在教学中的权重，通过专家和实证检验指标评价体系的实践价值，并不断进行修正和完善。

（二）深化启发式教学在大中小学思政课中的协同运用机制

1.强化教育主管部门的顶层设计与引领

在教育体系中，教育主管部门作为核心驱动力，需进一步强化对启发式教学在各学段思政课中的顶层设计与战略引领。首先，应明确启发式教学的核心地位与长远规划，制定详细的实施方案与推广策略，确保各学段思政课在教学方法上保持高度一致性与连贯性。其次，设立专项研究基金，鼓励并支持跨学段、跨学科的启发式教学研究项目，促进理论与实践的深度结合。最后，构建一套完善的评估与反馈机制，定期对启发式教学的实施效果进行评估，及时调整优化教学策略，确保教学质量持续提升。

2.学校层面的具体实施与创新

学校作为实施启发式教学的直接载体,应积极响应教育主管部门的号召,结合自身特色与资源优势创新性地开展思政课启发式教学。一是要建立健全启发式教学的课程体系,根据不同学段学生的认知特点与心理发展规律,设计差异化、递进式的教学内容与方法。二是加强师资队伍建设,通过教师培训、工作坊、研讨会等形式,提升教师运用启发式教学的能力与水平。三是构建开放包容的教学环境,鼓励学生积极参与课堂讨论与互动,形成师生共研、生生互学的良好氛围。同时,学校还应积极搭建校内外交流平台,促进不同学段、不同学校之间的经验分享与资源共享。

3.教师间的深度交流与合作

教师作为教学活动的直接实施者,其间的深度交流与合作对于提升启发式教学的整体效果至关重要。一方面应建立健全大中小学思政课教师联动机制,通过集体备课、教学观摩、联合教研等方式,促进各学段教师在教学理念、教学内容、教学方法等方面的深度融合与相互借鉴。另一方面充分利用现代信息技术手段,搭建线上交流平台,实现教学资源的快速共享与即时反馈,提升教学交流的便捷性与高效性。此外,鼓励教师跨学段、跨学科合作开展教学研究项目,探索启发式教学的新路径、新方法,推动思政课教学的不断创新与发展。

4.优化相邻学段间的教学衔接与过渡

在大中小学思政课一体化背景下,优化相邻学段间的教学衔接与过渡是确保启发式教学有效实施的关键环节。一是要加强学段间教学内容的连贯性与递进性,确保学生在不同学段能够顺利实现知识的迁移与能力的提升。二是注重教学方法的衔接与过渡,根据不同学段学生的认知特点与心理发展规律,灵活调整启发式教学的具体策略与手段。三是加强不同学段间教师的沟通与协作,共同研究解决教学衔接中遇到的问题与挑战,形成合力推动思政课教学的持续进步与发展。

5.凝聚多方力量共筑思政教育生态

思政课教学是一个系统工程,需要家庭、学校、政府、社会等多方力量的共同参与与支持。一是要加强家校合作,通过家长会、家访等形式增进家长对思政课及启发式教学的了解与认同,共同营造良好的家庭教育氛围。二是加强与政府部门的沟通协调,争取更多的政策支持与资源投入,为思政课教学提供有力保障。三是拓展社会实践教学的广度与深度,加强与红色教育基地、公共文化设施等社会组织的合作,为学生提供丰富多样的实践学习机会。同时,充分利用网络新媒体平台,加强网络思政建设,营造积极向上的网络文化环境,为学生的健康成长提供有力支撑。

(三)建立启发式教学在大中小学思政课中运用的保障制度

1.建立启发式教学运用的指导标准

指导标准应详细介绍启发式教学的特点、方式以及课程启发目标,并针对不同学段的学生情况、启发目标、内容范围等提供具体的建议和实施指导。这样,教师就能在实际教学中更好地运用启发式教学,提高思政课的教学质量。同时,我们还应突出启发式教学运用的原则,如适时性、针对性、熟悉性和层次性等,从教学实践中提取有益内容,从而使指导教师在实际教学中更好地运用启发式教学,增强其可行性与实效性。

2.为推进启发式教学的持续研究和实践提供充足的物质保障

物质保障具体包括以下几点:加大资金支持,为启发式教学研究提供必要的经费保障;建设专门的教学实践基地,为教师提供一个探讨和实践启发式教学的平台;配备必需的教学用具,如网络、图片、视频等设备,以确保教师在实际教学中能够充分运用各种启发方式。

3.推动大中小学思政课教师队伍建设

各学段管理部门应重视对教师的专业能力与核心素质的培养,提升他们的政治立场、专业能力和教学能力;同时,加大对思政课教师的支持与保障力度,完善激励机制和经费保障体制;最后,还应优化思政课教师队伍结构,确保各学段教师队伍的均衡和优化。

第四节　同课异构助推大中小学思政课教学一体化建设

一、同课异构的内涵

从字面上解释，"同课"即相同或相似的教学内容，它构成了"异构"的前提和基础。而"异构"则强调教师在面对相同教学内容时，根据任教班级的具体情况、学生特点、自身教学风格等因素，进行有区别的教学设计，选择不同的教学方法，创设多样化的教学情境，以实现教学效果的多样化和个性化。这种教学模式不仅停留在理论层面，更强调在课堂教学中的实践应用，教师通过实际授课将不同的教学设计付诸实施，展现多样化的教学风貌。同时，"同课异构"还注重教学反思和比较分析，教师在授课结束后进行教学反思，比较分析不同教学设计的效果，通过同伴互助和集体智慧的提升，实现个人教学水平的进步。

从广义上讲，"同课异构"是一种教学模式或教学方法，这里我们将其视为一种系统的教学研究活动。这一活动主要由准备阶段、教学实施阶段和教学反思阶段组成，每个阶段都有其特定的任务和目标。特别是在大中小学的思政课教学中，"同课异构"具有特殊的应用价值。教师围绕国家重大政治活动、纪念日以及社会热点事件等主题，结合学生实际和教师自身情况，进行灵活多样的教学设计，旨在优化思政课堂教学，实现共同进步。综上所述，"同课异构"的内涵在于它强调教学内容的一致性与教学设计的差异性相结合，注重教学实践的多元性和教学反思的深度，是一种旨在提升教学质量、促进教师专业成长的教学研究活动。在思政课教学中，"同课异构"更是推动大中小学思政一体化建设和创新发展的重要途径。

二、同课异构在大中小学思政课教学一体化中运用的特点

（一）教研合作性

同课异构活动不仅仅是一种教学模式，更是一种强调教师之间紧密合作的教学研究活动。这种合作性贯穿于活动的全过程，从准备阶段的集体备课开始，教师们就共同研讨教学方案，沟通教学内容的理解与衔接，提出并解决疑惑。在实施阶段，集体观摩和评课进一步促进了教师之间的交流与互助，优化了教学设计。而在反思阶段，教师们更是相互学习、共同反思，以提升自身专业素养和教学衔接意识。这种深入的教研合作性，为思政课教学一体化提供了有力的支持。

（二）内容针对性

同课异构注重思政课内容的针对性，这是确保学生能否接受并喜欢思政课的关键。教师们在选择教学内容时，会充分考虑学生的认知规律、阶段特征和成长背景等因素，以确保教学内容的契合性和连接性。他们会适当地对教学内容进行前延或后拓，以减少重复和倒置，使教学内容更加符合学生的实际需求和教学实际。同时，活动主题也会紧密围绕社会热点、教材重点、学生思想困惑点等，以保证教育内容的时代性和实效性，进一步增强思政课的吸引力和感染力。

（三）模式开放性

大中小学思政课同课异构活动模式，其开放性特质贯穿于教学活动的全链条，具体体现在教学内容的灵活选取、教学方法的多元创新、教学过程的动态生成以及教研活动的广泛联动等四个关键维度。

第一，教学内容选取的灵活性。

在同课异构的框架下，尽管各教学活动围绕同一核心主题展开，但教师拥有高度的自主权去挖掘和拓展教学内容。这种灵活性体现在教师能够根据学生的实际情况、时代背景及自身教学特色，对教材进行创造性改编与补充，从而赋予同一主题以多样化的教学面貌。这种教学内容的开放性，不仅丰富了教学资源，也为学生提供了更加宽广的知识视野和思考空间。

第二，教学方法的多元化与创新。

教学方法的选择在同课异构活动中展现出高度的开放性。教师们以学生为中心，紧密关注学生的发展需求，灵活运用情境教学法、议题式教学法、案例教学法等多种教学策略。这些方法的综合运用，不仅增强了课堂的互动性和趣味性，还促进了学生知识的迁移运用和综合能力的发展。教学方法的开放性，鼓励了教学创新，提升了教学效果，使思政课更加贴近学生实际，更具吸引力和感染力。

第三，教学过程的动态生成性。

同课异构活动强调教学过程的开放性，即在预设与生成之间寻求平衡。执教教师在充分预设的基础上，通过设置开放性问题、引导深度探讨等方式，激发学生在课堂上的主动思考和积极参与。这种动态生成的教学过程，不仅活跃了学生的思维，还促进了师生之间的有效互动和知识的深度交流。在问题的探讨与解决中，学生不仅掌握了知识，更学会了如何运用知识去分析问题、解决问题。

第四，教研活动的广泛联动性。

同课异构活动的开放性还体现在其教研活动的空间拓展上。这种活动不再局限于单一学校或年级内部，而是跨越了学校、年级、地区的界限，实现了教育资源的共享与互补。通过跨校、跨区域的教研活动，教师们能够相互学习、交流经验、共同提高。这种广泛联动的教研模式，不仅促进了教育资源的优化配置，还推动了思政课教学的整体提升和创新发展。

三、同课异构助推大中小学思政课教学一体化的内在逻辑

（一）教学目标的一致性与阶段性

同课异构教学模式强调在不同学段设定具体而有差异的教学目标，但这些目标都服务于最终一致的教育目的——培养有能力、有品格的社会主义建设者和接班人。从小学阶段的情感启蒙，到初中阶段的体验性学习，再到高中阶段的常识性学习和大学阶段的理论性学习，各学段的教学目标既体现了循序渐进的教育规律，又保持了内在的一致性，共同指向立德树人的根本任务。

（二）教学方法的多样性与适配性

各学段学生的认知特点、身心发展规律不同，因此同课异构强调教学方法的多样性和适配性。小学阶段以具体形象的教学方法为主，初中阶段注重互动教学，高中阶段侧重知识学习，大学阶段则注重实践创造。这种多样化的教学方法不仅适应了各学段学生的实际需求，也增强了思政课的育人效果，使得不同学段的教学能够有效衔接，形成连贯的教学体系。

（三）教学内容的衔接性与层次性

同课异构教学模式注重教学内容的科学设置和有序衔接。各学段的教学内容既有契合点，又体现层次性。小学阶段重在开展启蒙性学习，初中阶段侧重进行体验性学习，高中阶段侧重开展常识性学习，大学阶段则侧重进行理论性学习。这种层次分明的教学内容设计，不仅符合学生的认知发展规律，也确保了思政课教学要求的连贯性和一致性。

（四）教学情感的共鸣性与升华性

同课异构强调在不同学段采用不同的教学手段，以实现相同的课堂感染力。从小学阶段的情感启蒙，到初中阶段的情感认同，再到高中阶段的政治认同，最后到大学阶段的爱国行动，教学情感逐步升华，形成强烈的共鸣。这种情感共鸣不仅增强了学生对思政课的接受度，也促使学生将个人理想与社会理想相结合，自觉投身到实现中华民族伟大复兴的实践中。

（五）教育理念的连续性与创新性

同课异构教学模式的实施，体现了教育理念的连续性与创新性。各学段在保持教育理念一致性的基础上，不断创新教学方法和内容，以适应时代发展和学生需求。这种连续性与创新性的结合，不仅确保了思政课教学的一体化，也为培养新时代社会主义建设者和接班人提供了有力支撑。

四、同课异构助推大中小学思政课教学一体化的有效策略

（一）强化外部支撑，促进大中小学思政课同课异构教学一体化

1.构建顶层设计框架，奠定制度基石

制度是规范与引导实践活动的重要基础。为推动大中小学思政课同课异构教学一体化，需构建全面而科学的顶层设计体系。首先，应制定详尽的纲要与细则，明确同课异构教学的性质、内容、实施路径及各级主体的职责，确保教学活动有章可循、有据可依。其次，完善管理制度，设立专门的指导委员会或领导小组，以系统思维统筹规划各学段思政课的同课异构工作，促进教学目标、教学管理、师资队伍的一体化。同时，明确各部门职责，确保

第五章 大中小学思政课一体化的教学方法运用

政策落实到位,根据地方实际制订具体的发展计划。最后,建立经费保障机制,确保思政课教师参与同课异构教研活动的各项费用得到妥善安排,并通过设立奖励基金,激励优秀教师和优秀教学成果的涌现。

2.打破学段界限,构建协同机制

为实现大中小学思政课的无缝对接,需构建一套高效协同的运行机制。首先,建立统一领导的协同机制,由党委领导、学校协作、教师落实,形成上下联动、左右协同的工作格局。通过加强教育主管部门、高校马克思主义学院及各级学校的沟通交流,确保同课异构工作的有序开展。其次,引入绩效导向机制,通过科学合理的绩效考核和激励机制,激发教师参与同课异构教学的积极性。制定统一的职称评定标准和量化考核制度,将同课异构纳入教师教研计划,并对表现突出的教师给予表彰和奖励。最后,构建"学研育"跨学段协同育人机制,促进优质教育资源的共享与整合。通过跨学段学习、教研合作和协同育人,实现教学资源的优化配置和教学效果的最大化。具体而言,可建立网络学习平台,实现教学资源的共享;搭建教研合作平台,促进不同学段教师之间的交流与合作;开展联合教学活动,让学生在同课异构中共同成长,形成正确的世界观、人生观和价值观。

(二)深化内部建设,促进大中小学思政课同课异构教学一体化

1.构建教师专业成长共同体,强化队伍一体化

为推进大中小学思政课同课异构教学一体化,构建教师专业成长共同体是核心策略之一。这要求教师群体不仅作为知识的传授者,更应成为持续学习与共同进步的伙伴。首先,实施统一培养机制,优化教师队伍结构。高校马克思主义学院应发挥其在思政教育领域的引领作用,建立从本科到博士的一体化培养体系,为中小学输送高素质的思政课教师后备力量。其次,通过"三助"活动(即研究生顶岗实习、优秀学生协助教学、优秀毕业生定岗教学)促进各学段教学的纵向贯通与横向衔接。最后,严格教师选拔与培训制度,提升教师队伍整体素养,确保新入职教师具备同课异构教学的基础认识与能力。

教师专业发展共同体的构建还需激发教师个体的主动性与创造性。教师应树立终身学习的理念，不断深化学术功底，更新知识结构，以敏锐的洞察力把握时代脉搏，将马克思主义理论与现实生活紧密结合，提升思政课教学的吸引力和感染力。同时，教师应积极参与各类专业发展活动，如学术研讨会、教学观摩等，通过交流分享，深化对同课异构教学的理解与实践。

2.定期举办教学研讨活动，增进学段间的理解

教学研讨是促进大中小学思政课同课异构教学一体化的重要途径。首先，高校应发挥资源优势，定期为中小学思政课教师提供同课异构专题辅导，促进优质教育资源的共享。通过举办学术会议、开放图书馆等资源，增强学段间的互动与交流。其次，组织"大中小学同上一堂思政课"的教学展示与观摩活动，让不同学段的教师围绕同一主题进行教学实践，展现各学段的教学特色与递进关系。利用互联网进行线上直播，扩大观摩范围，深化教师对同课异构教学的认识。同时，邀请专家学者进行点评，促进教学经验的交流与传播。

此外，定期开展集体备课活动，突破学段、区域限制，通过省级备课、校际协调、学校推进的方式，形成跨学段的集体备课机制。在备课过程中，深入分析各学段教材编写目标与原则，探讨同课异构的具体实施策略，确保教学内容的连贯性与递进性。

3.搭建教学交流平台，促进学段间的融合

为打破学段壁垒，促进大中小学思政课教学的一体化，需搭建线上线下相结合的教学交流平台。线上方面，利用互联网建立微信群、QQ群等即时通信工具，实现各学段教师间的实时交流与资源共享。通过建立微信公众号等平台，发布教学进度、教学反思等信息，促进相邻学段间的有效衔接。线下方面，学校应定期组织同课异构公开课、集体听课、教师座谈会等活动，为教师提供面对面交流的机会。通过公开课展示、教学观摩等形式，让教师直观感受不同学段的教学风格与特点，促进教学经验的交流与借鉴。同时，鼓励教师参与跨学段的教学研讨会，从不同角度探讨同课异构教学一体化中的问题与挑战，共同寻求解决方案。通过这些措施的实施，推动大中小学思政课同课异构教学的有效对接与顺利过渡。

第六章　大中小学思政课一体化的载体运用

第一节 思政课教学载体概述

一、思政课教学载体的表现形态

（一）思政课教学的语言文字载体

语言文字是思政课教学最基础、最常用的载体。教师通过口头讲解、板书、课件等方式，运用准确、生动、富有感染力的语言，将思政课的理论知识、价值观念等传授给学生。同时，学生也通过语言文字来表达自己的观点、感受和思考，与教师和其他学生进行交流和互动。语言文字载体在思政课教学中具有不可替代的作用，它是知识传递、思想交流和情感沟通的重要桥梁。

（二）思政课教学的活动载体

思政课教学活动载体是指教师在课堂教学中组织的各种具体活动，如课堂讨论、小组合作、案例分析、模拟演练等。这些活动能够激发学生的学习兴趣，引导他们积极参与课堂，主动思考和探索问题。通过活动载体，学生可以在实践中深化对理论知识的理解，提高分析问题和解决问题的能力，同时也可以培养团队合作、沟通交流等综合素质。

（三）思政课教学的文化载体

文化载体在思政课教学中具有独特的功能。教师可以通过引入历史典故、文化名人、艺术作品等，将思政课的教学内容与文化背景相结合，使学生在学习理论知识的同时感受到文化的魅力和内涵。文化载体能够增强学生的文化认同感和自豪感，引导他们树立正确的历史观、文化观和价值观。

（四）思政课教学的传媒载体

传媒载体是指思政课教学中运用的各种传媒手段，如多媒体、网络、电视、广播等。这些传媒手段能够为学生提供丰富多样的学习资源和信息，拓宽他们的视野和知识面。通过传媒载体，学生可以更加直观地了解社会现实和热点问题，增强对社会的认知和理解。同时，传媒载体也可以为思政课教学提供更为便捷、高效的教学方式和方法，提高教学效果和质量。

（五）思政课教学的管理载体

教学管理载体是指思政课教学中用于组织、协调、控制和管理教学活动的各种手段和措施。它包括课程设置、教学计划、教学评估、学生管理等方面。通过教学管理载体，教师可以有效地组织和管理教学活动，确保教学目标的实现和教学质量的提升。同时，教学管理载体也可以为学生提供良好的学习环境和学习氛围，促进他们的全面发展和成长。

二、思想政治理论课教学载体的功能审视

思政课教学载体的功能在教育教学系统中扮演着至关重要的角色，它们不仅是传递知识的工具，更是促进学生思想成长、价值观塑造和综合能力提升的关键环节。以下是对思政课教学载体功能的详细探讨，旨在全面揭示其在教育过程中的重要性。

（一）承载与传递功能

承载与传递功能是思政课教学载体的基础功能，贯穿于整个教学过程的始终。

1. 承载教育教学信息

教学载体作为信息的"容器"，能够贮存和携带丰富的思政课教育教学信息。这些信息包括但不限于马克思主义基本原理、中国特色社会主义理论体系、社会主义核心价值观、党史国情教育等。教学载体通过文字、图像、声音、视频等多种形式，将这些抽象的理论知识具象化、生动化，便于学生感知和理解。

2. 传递教育教学信息

教学载体不仅承载信息，更重要的是将这些信息有效地传递给学生。在思政课教学中，教师通过运用各种教学载体，如教材、课件、视频资料、实践活动等，将教学内容以直观、形象的方式呈现给学生。这种传递过程不仅仅是单向的知识灌输，更是师生之间情感交流、思想碰撞的过程。通过教学载体的运用，学生能够在轻松愉快的氛围中接受思想政治教育，提高学习的积极性和主动性。

（二）中介与枢纽功能

思政课教学载体在教育教学过程中还发挥着中介与枢纽的作用，连接着教师、学生、教学内容和教学形式等各个要素。

1. 促进师生交流与互动

教学载体是教师与学生之间沟通的桥梁和纽带。在思政课教学中，教师可以通过教学载体了解学生的学习情况、思想动态和反馈意见，从而及时调整教学策略和方法。同时，学生也可以通过教学载体向教师表达自己的观点和疑惑，促进师生之间的良性互动。这种互动不仅有助于增进师生之间的了解和信任，还能提高教学效果和学生的学习体验。

2. 整合教学内容与形式

教学载体将教学内容与教学形式有机结合起来，为教育教学活动提供了一个有效的平台。在思政课教学中，教师可以通过运用多种教学载体，如课堂讲授、小组讨论、案例分析、社会实践等，将抽象的理论知识与具体的生活实践相结合，使学生在掌握理论知识的同时增强实践能力和创新能力。这种整合不仅丰富了教学内容和形式，还提高了教学的针对性和实效性。

（三）互动与反馈功能

思政课教学载体的互动与反馈功能对于提高教学效果具有重要意义。

1.增强师生互动性

教学载体为师生之间的互动提供了更多可能性。思政课教学中，教师可以通过运用多种教学载体，如在线讨论、即时通信工具等，与学生进行实时互动和交流，打破时间和空间的限制，使得师生之间的交流更加频繁和深入。通过互动，教师可以及时了解学生的需求和反馈，为教学提供有力支持；学生也能在互动中表达自己的观点和疑惑，促进自身思想的成长和发展。

2.收集学生反馈意见

在思政课教学中，教师可以通过问卷调查、在线评价等方式收集学生对教学内容、教学方法和教学载体的反馈意见，帮助教师改进教学策略和方法，提高教学质量。通过收集和分析反馈意见，教师可以发现教学中存在的问题和不足，并针对性地进行改进和优化；也能了解学生的学习需求和期望，为未来的教学提供有力参考。

（四）催化与强化功能

思政课教学载体还具有催化与强化的功能，能够促进学生思想成长和价值观塑造。

1.催化学生思想成长

教学载体通过呈现丰富的思想政治教育内容和生动的教育形式，能够激发学生的思考兴趣和探索欲望，在思政课教学中，教师可以通过运用各种教学载体引导学生关注社会热点、思考人生问题、探讨价值观等议题，引发学生的共鸣和思考，还能促使他们形成正确的世界观、人生观和价值观。通过教学载体的催化作用，学生能够逐渐成长为具有独立思考能力和社会责任感的人才。

2.强化价值观塑造

在思政课教学中，教师可以通过运用各种教学载体向学生传递正确的价值观导向和行为规范。例如，通过讲述英雄人物的事迹、展示先进典型的形象等方式引导学生树立正确的价值观和道德观；通过组织社会实践活动、开展志愿服务等方式培养学生的社会责任感和奉献精神。这些教学载体不仅能够增强学生的情感体验和道德认知，还能促使他们将正确的价值观内化于心、外化于行。

（五）拓展与创新功能

随着时代的发展和教育技术的进步，思政课教学载体也在不断拓展和创新中展现出新的功能。

1.拓展教学资源

互联网和新媒体技术的发展为思政课教学提供了丰富的资源支持。教师可以通过网络平台获取最新的教学资料、了解最新的学术动态和研究成果；学生也可以通过互联网获取更多的学习资源和信息拓展自己的知识面和视野。这种教学资源的拓展不仅丰富了教学内容和形式，还提高了教学的时效性和针对性。

2.创新教学模式

教学载体的创新也推动了思政课教学模式的创新。例如，混合式教学模式将线上教学与线下教学相结合，既发挥了线上教学便捷、灵活的优势，又保留了线下教学互动性强、氛围好的特点；翻转课堂模式则打破了传统的教学顺序，让学生在课前自主学习课程内容，在课堂上进行深入的讨论和交流。这些创新的教学模式不仅提高了学生的学习兴趣和参与度，还促进了教学质量的提升和教育目标的实现。

三、思想政治理论课教学载体的选择原则

思政课的教学目标是培养学生的思想政治素质，引导他们形成正确的世界观、人生观和价值观。为了实现这一目标，思政课的教学载体选择至关重

要，其通常需要遵循以下原则。

（一）方向性原则

方向性原则要求所选载体必须与国家的教育方针、政策和思政课的课程目标相一致，确保教学的正确方向。所选载体不仅要符合国家教育方针和政策，体现社会主义核心价值观，能够引导学生树立正确的政治方向和理想信念，还要与课程目标相一致，能够有效地传递思政课的核心内容和精神内涵。这意味着，在选择教学案例、视频等载体时，老师必须确保其内容与课程主题紧密相关，能够深入浅出地阐述思政课的重点和难点，同时引导学生形成正确的价值观念和思想政治素质。

（二）科学性原则

科学性原则要求所选载体必须基于科学的教育理念和教学方法，符合学生的认知规律和学习特点。这意味着思政课教学载体的选择应基于以学生为中心、注重实践、强调创新等科学的教育理念，这些理念能够指导载体的设计和使用，使其更加符合教育规律和教学实际。同时，所选载体还应充分考虑不同年龄段学生的认知规律和学习特点，以更加生动、形象、易懂的方式呈现思政课内容。例如，对于大学生而言，可以选择那些具有深度和思考性的教学载体，引导他们进行深入的思考和探讨，从而更好地实现教学目标。

（三）效能性原则

效能性原则要求所选载体必须能够有效地实现教学目标，提高教学效果和学习效率。所选载体应能够有效地传递思政课的核心内容和精神内涵，引导学生形成正确的思想政治素质和价值观念。同时，所选载体还应能够激发学生的学习兴趣和积极性，可以选择具有代表性和典型性的教学案例以及运用多媒体教学载体等方式，使学生更加深入地理解思政课的重点和难点，提高他们的学习体验和效果。

（四）协同性原则

协同性原则要求所选载体必须与其他教学要素相协调、相配合，共同构成一个完整的教学系统。因此，思想政治理论课教学所选载体应与思政课的教学内容、教学方法、教学环境等其他教学要素相协调、相配合，确保教学过程的连贯性和一致性。同时，所选载体还应与其他教学要素共同构成一个完整的教学系统，实现教学资源的优化配置和教学效果的最大化。为了实现这一原则，可以将多媒体教学载体与传统教学载体相结合，构建一个更加完整、丰富的教学系统，提高思政课的教学效果和质量。还有，要关注各教学要素之间的相互作用和影响，确保它们能够协同工作，共同实现教学目标。

第二节 大中小学思政课一体化的载体运用现状

一、大中小学思政课一体化的载体运用经验与成就

在推动大中小学思政课一体化的进程中，教学载体的运用起到了至关重要的作用。随着理论与实践的不断探索，思想政治教育载体运用的理论研究逐渐丰富，开发运用的思政课载体种类不断扩容且思政课教学载体运用方式呈现出多样化的趋势。以下是对这些经验与成就的详细分析。

（一）思想政治教育载体运用的理论研究逐渐丰富

随着大中小学思政课一体化的深入实施，学术界对思想政治教育载体运用的理论研究也日益丰富。这些研究不仅为实践提供了坚实的理论基础，也推动了思政课教学的创新与发展。

第六章　大中小学思政课一体化的载体运用

1. 理论框架的构建

学者们从多学科视角出发,对思想政治教育载体的概念、分类、功能及运用策略进行了系统研究。例如,从教育心理学视角,研究载体如何满足学生的认知发展和情感需求;从课程论视角,探讨载体如何促进课程内容的连贯性和系统性;从思想政治教育学视角,分析载体在塑造学生思想观念、政治立场和道德品质中的作用。这些研究为思政课载体的运用提供了丰富的理论支撑。

2. 实践经验的总结

各地教育部门和学校在大中小学思政课一体化的实践中,积累了大量宝贵的经验。这些经验通过学术论文、案例分享、教学研讨等形式得以传播和交流,进一步丰富了思想政治教育载体运用的理论研究。例如,一些地区通过构建政校联动、三维同育的一体化建设模式,实现了思政课教学内容、方法和载体的有效整合;一些学校则通过开发具有地方特色的思政课载体,如地方历史文化资源、社会实践基地等,增强了思政课的吸引力和感染力。

(二)开发运用的思政课载体种类不断扩容

随着理论研究的深入和实践经验的积累,开发运用的思政课载体种类日益丰富多样。这些载体不仅涵盖了传统的课堂教学工具,还包括了现代信息技术手段、社会实践平台等多种形式。

1. 传统载体的优化升级

传统的思政课载体如教材、教辅资料、黑板、挂图等,在一体化建设中得到了优化升级。例如,各地教育部门组织专家编写一体化教材,确保各学段内容的连贯性和递进性;通过集体备课、教学研讨等方式,提高教辅资料的质量和适用性;利用多媒体技术手段,将黑板和挂图等传统工具与现代信息技术相结合,使课堂教学更加生动直观。

2. 现代信息技术的应用

现代信息技术的发展为思政课载体的创新提供了广阔空间。各地学校积极运用网络直播、VR/AR技术、在线教育平台等现代信息技术手段,打破了时间和空间的限制,实现了思政课的线上线下融合教学。例如,通过网络直播方式，邀请专家学者为学生开展专题讲座；利用VR/AR技术模拟历史事件或社会场景，让学生在沉浸式体验中学习思政知识；通过在线教育平台发布优质课程资源，供学生自主学习和复习巩固。

3.社会实践平台的拓展

社会实践是思政课教学的重要载体之一。各地学校积极拓展社会实践平台，组织学生参与志愿服务、红色旅游、社会调研等活动，让学生在实践中感受社会、了解国情、增强责任感和使命感。例如，一些学校与地方政府、企事业单位合作建立社会实践基地，为学生提供稳定的实践平台；组织学生参观革命纪念馆、博物馆等场所，让学生感受革命先烈的伟大精神和爱国情怀；开展社会调研活动，引导学生关注社会问题、思考解决方案。

（三）思政课教学载体运用方式多样化趋势增强

随着载体种类的不断扩容和理论研究的深入，思政课教学载体的运用方式也呈现出多样化的趋势。这种多样化不仅体现在载体形式上的创新，还体现在运用策略和方法上的灵活多变。

1.载体形式的多样化

前面也提到过，思政课教学载体涵盖了传统工具、现代信息技术手段和社会实践平台等多种形式，这些载体在运用过程中可以根据教学内容和学生特点进行灵活选择和组合。例如，在讲解历史事件时可以利用VR/AR技术模拟历史场景；在探讨社会问题时可以结合社会调研数据进行深入分析；在培养学生的社会责任感时可以通过志愿服务活动进行实践锻炼。

2.运用策略的灵活多变

在运用思政课教学载体时，教师需要采取灵活多变的策略和方法以确保教学效果的最大化。例如，可以采用问题导向的教学策略引导学生主动思考、积极探索；可以采用情境模拟的教学方法让学生在模拟情境中体验学习；可以采用合作学习的方式促进学生之间的交流和合作等。这些策略和方法的运用不仅能够激发学生的学习兴趣和积极性，还能够培养他们的自主学习能力和团队协作能力。

3.注重载体的整合与协同

在思政课教学载体的运用过程中，还需要注重载体的整合与协同作用。不同的载体之间往往存在着内在联系和互补性，通过整合与协同作用可以形成更加完整、丰富的教学体系。例如，可以将课堂教学与社会实践相结合，让学生在课堂上学习理论知识，在社会实践中进行实践锻炼；可以将传统载体与现代信息技术手段相结合，利用现代信息技术手段优化传统载体的功能和效果等。这种整合与协同作用不仅能够提高思政课的教学效果和质量，还能够促进学生的全面发展。

二、大中小学思政课一体化的载体运用存在的问题

（一）语言文字载体的运用仍有较大统筹发展的空间

在实际的教学过程中，我们不难发现，思政课语言文字载体的运用仍然存在不平衡和不完善的问题。这些问题不仅影响了思政课的教学效果，也制约了学生全面素质的提升。以下是对这一问题的深度剖析。

1.不平衡现象分析

（1）地域不平衡

由于经济发展水平和教育资源的差异，不同地区学校的思政课在语言文字载体的运用上存在明显的差距。一些发达地区的学校能够充分利用现代化的教学设备和丰富的教学资源，创新教学方式，提升教学效果。而一些欠发达地区的学校则由于资金、设备、师资等条件的限制，无法为学生提供优质的教学体验。这种地域不平衡现象导致了思政课教学质量和效果的巨大差异。

（2）学段不平衡

在不同学段，由于学生认知能力和学习需求的不同，思政课的教学内容和方式也应有所区别。在实际教学中，不同学段的思政课在语言文字载体的运用上缺乏针对性和层次性，一些学段过于注重理论知识的灌输，而忽视了

学生实践能力和情感体验的培养，还有一些学段则过于追求教学形式的创新，而忽视了教学内容的深度和广度，这种学段不平衡现象影响了学生的学习效果，制约了思政课的整体发展。

（3）师资不平衡

由于历史、地理、经济等多种原因，不同地区、不同学校的思政课师资力量存在巨大差异。一些学校的思政课教师数量充足、素质较高，能够为学生提供优质的教学服务；而一些学校的思政课教师则数量不足、素质参差不齐，无法满足学生的学习需求。这种师资不平衡现象导致了思政课教学质量和效果的巨大波动。

2.不完善问题分析

（1）教学内容与形式的单一化

尽管近年来思政课在教学内容和形式上进行了不断的创新，但仍然存在单一化的问题。在教学内容上，部分思政课过于注重理论知识的传授，而忽视了对学生实践能力的培养；在教学形式上，部分思政课仍然采用传统的讲授式教学方式，缺乏互动性和趣味性。这种单一化的教学内容和形式不仅无法满足学生多样化的学习需求，也制约了思政课语言文字载体运用的效果。

（2）教学资源的匮乏与浪费

教学资源是思政课语言文字载体运用的重要基础。然而，在实际教学中，我们往往发现教学资源的匮乏与浪费现象并存。一方面一些学校由于资金、设备等条件的限制，无法为学生提供充足的教学资源；另一方面一些学校虽然拥有丰富的教学资源，但由于缺乏有效的整合和利用，导致资源浪费和闲置。这种教学资源的匮乏与浪费现象不仅影响了思政课的教学效果，也制约了语言文字载体的有效运用。

（3）评价体系的缺失与偏颇

在实际教学过程中，一些学校缺少科学的评价体系，无法准确评估思政课的教学成效和语言文字运用效果；即便有些学校建立了评价体系，由于评价标准的偏差和单一性，评价结果往往失真，甚至产生误导。这种评价体系的缺失和偏差不仅无法为思政课的改进和发展提供有效的反馈和指导，还限制了语言文字运用的有效性和优化。

（二）活动载体运用中的创新驱动不足问题

在利用活动作为载体推进大中小学思想政治教育的过程中，虽能借助寓教于乐的方式有效提升教育接受度，促进受教育者自我教育与外部教育的融合并激活教育内容，促进良好行为习惯的养成，但当前活动载体的实际运用却面临创新驱动匮乏的挑战，限制了其效能的充分发挥。

1.活动载体实效性的泛娱乐化倾向

当前，大中小学策划的各类活动虽种类繁多，但往往未能有效融入思想政治教育精髓，缺乏深度互动与教育引导，导致活动效果偏离初衷，趋向泛娱乐化。具体表现为：

第一，内容空洞化。活动虽冠以思想政治教育之名，却未能深刻挖掘和展现其内在价值，如集体观影、参观红色基地等活动，往往缺乏后续的理论探讨与情感共鸣，使教育内容浮于表面。

第二，互动缺失。活动设计未能充分考虑教育者与受教育者的双向互动，缺乏对学生个体发展特点的针对性引导，导致学生参与感不强，难以形成深刻的思想认同。

第三，形式化严重。部分活动过于追求形式上的热闹与新颖，忽视了教育本质，使得活动成为"走过场"，未能真正触及学生心灵，影响教育效果。

2.活动形式与模式的僵化与创新不足

活动载体的运用在形式与模式上亦显露出明显的创新滞后，难以适应新时代学生的需求与特点。

第一，形式老旧。传统活动形式如主题演讲、黑板报比赛等，虽经典但缺乏新意，难以激发学生兴趣，导致参与积极性不高，活动效果大打折扣。

第二，学段隔离。活动组织多局限于单一学段，缺乏跨学段、跨校际的交流与合作，不利于构建一体化的思想政治教育体系，限制了教育资源的共享与互补。

第三，校外资源利用不足。活动多局限于校园内，未能充分利用校外资源，如社会实践、志愿服务等，限制了教育视野的拓宽与教育方式的多样化，同时也未能有效动员社会力量参与教育过程。

（三）文化载体的运用没有充分发挥其育人功能

当前文化载体的运用在实践中并未能充分发挥其育人功能，主要存在两大核心问题：一是不同类型思政课教学文化载体的运用缺乏充分协调；二是现有文化资源向文化载体的转化不够充分。

1.没有充分协调不同类型思政课教学文化载体的运用

文化载体形式多样，包括物质文化载体、精神文化载体、制度文化载体和网络文化载体等，它们在思政课教学中各具特色，共同构成了思政教育的多维生态。然而，当前各学段在运用这些文化载体时，往往存在顾此失彼、缺乏协调的问题。部分学校过于追求物质文化的建设，如美化校园环境、升级教学设施等，却忽视了精神文化的培育。精神文化载体，如校园文化氛围、学生社团精神、宿舍文化等，是塑造学生价值观、提升思想境界的重要力量。物质与精神的失衡，导致文化育人的整体效果打了折扣。

在信息化时代，网络已成为学生获取信息、交流思想的重要平台。然而，部分学校在网络文化载体的建设上投入不足，未能充分利用网络平台开展思政课教学，导致思政教育与学生实际生活脱节，难以引起学生的共鸣。

制度文化载体是规范学生行为、培养良好习惯的重要手段。但一些学校的校规校纪过于僵化，缺乏灵活性，未能与思政课教学紧密结合，导致制度文化载体的育人功能未能充分发挥。

2.没有充分将现有文化资源转化为文化载体

许多珍贵的思想政治教育文化资源散落在历史长河中，如革命传统、民族精神、时代楷模等。然而，由于挖掘不够深入，这些资源未能被充分提炼和转化为思政课教学的文化载体，导致教学资源浪费。

在将文化资源转化为文化载体的过程中，部分学校仍采用传统的说教式方法和灌输式方法，缺乏创新性和吸引力。这些方式难以激发学生的学习兴趣和主动性，影响了文化载体的育人效果。另外，不同学段的文化资源具有各自的特点和价值，但在实际运用中往往缺乏学段间的有效衔接。例如，小学阶段的红色文化资源未能与中学、大学阶段的思政课教学形成有机联系，导致文化育人的连续性和系统性不足。

第六章　大中小学思政课一体化的载体运用

（四）传媒载体的运用与新时代发展需求仍存在一定差距

1.以现代新媒体为依托的思政课教学新载体有效运用不足

现代新媒体以其即时性、互动性和广泛覆盖性等特点，为思政课教学提供了全新的可能性和广阔的空间。然而，当前大中小学在运用新媒体作为思政课教学新载体方面仍存在诸多不足。

尽管许多学校已经开始尝试将新媒体技术融入思政课教学，但整体上技术融合度仍然不高。这表现在新媒体工具的选择、使用方式以及与教学内容的契合度等方面尚需优化。一些教师对新媒体技术的掌握不够熟练，难以将其有效融入教学设计中，导致新媒体的优势未能充分发挥。

新媒体的丰富性和多样性为思政课教学提供了丰富的素材和形式，但当前的教学内容往往缺乏创新，难以吸引学生的兴趣。部分教师在运用新媒体时，只是简单地将传统的教学内容数字化，而没有结合新媒体的特点进行深度加工和创新，导致教学效果不佳。

新媒体的互动性是其重要优势之一，但在当前的思政课教学中，互动机制往往不健全。一方面，教师难以实时掌握学生的学习情况和反馈；另一方面，学生之间的交流互动也缺乏有效引导和支持，导致课堂参与度不高，教学效果打折扣。

2.思政教学网络阵地建设仍需加强

网络阵地是新时代思政课教学的重要战场，对于引导学生树立正确的世界观、人生观和价值观具有重要意义。然而，当前思政教学网络阵地建设仍存在诸多不足。

虽然网络资源丰富多样，但针对思政教学的优质资源相对匮乏，一些网络平台上充斥着大量低质量甚至错误的信息，容易误导学生。同时，专门针对思政教学的网络资源库建设滞后，难以满足师生的实际需求。

网络环境的复杂性和匿名性使得网络监管成为一项艰巨的任务。当前，针对思政教学网络阵地的监管机制尚不完善，难以有效过滤和清除不良信息，无法保障网络环境的健康有序。

在新时代背景下，思政课教学正逐步迈向线上线下融合的新模式，旨在充分利用线上教学的便捷性和线下教学的互动性，以达到更高效、更全面的教学效果。然而，在当前的大中小学教育实践中，在推进线上线下融合方面仍面临诸多挑战和障碍。首先，线上教学资源与线下教学内容之间的衔接问题成为一个显著的难题。线上资源往往具有丰富性和多样性的特点，但如何将这些资源与传统的线下教学内容有机结合，形成一个统一的教学体系，仍需进一步探索和解决。教师在整合这些资源时，可能会遇到技术上的困难，或者难以找到合适的切入点，使得线上资源无法充分发挥其应有的作用。其次，线上教学平台与线下教学环境之间的互动机制尚不健全，这也是导致线上线下融合效果不佳的一个重要原因。线上平台虽然提供了便捷的交流和学习空间，但如何将其与现实中的课堂环境有效结合，形成一个互动互补的教学模式，仍需进一步研究和实践。例如，线上讨论和互动可能无法完全替代面对面的交流，而线下活动也难以完全融入线上平台。这种互动机制的不完善，使得线上线下融合的教学效果大打折扣。

（五）管理载体的运用存在学段间的固有壁垒

中小学的思政课因为每个阶段的界限比较明显，导致不同阶段的思想政治课在管理上存在一些障碍。同时，因为各个阶段的教育者长期各自为政，他们对整合大中小学思政课的意识也没那么强烈。现在，每个阶段的管理机构都是独立的，还没有形成一个统一的管理体系，而且每个阶段内部的管理方式也不够灵活和充分，这就使得把大中小学的思想政治课整合起来缺乏足够的支持。

1.领导管理方面

（1）顶层设计与政策指导的缺失

大中小学思政课一体化的推进需要明确的顶层设计和统一的政策指导。然而，目前在大中小学思政课一体化建设方面，尽管已有一定的政策导向，但针对各学段的具体实施方案和细化标准尚不完善。特别是高校思政课的课程标准尚未出台，导致在内容设置、教学要求等方面存在较大的随意性，难以与中小学思政课形成有效衔接。此外，不同学段间缺乏统一的领导协调机制，使得思政课一体化建设在推进过程中容易出现各自为政、标准不一的情况。

第六章　大中小学思政课一体化的载体运用

（2）领导重视程度的差异

不同学段的领导对思政课一体化的重视程度存在显著差异。高校领导往往更侧重于科研与教学质量的提升，对思政课的重视程度相对不足；而中小学领导则可能因升学压力等因素，将更多精力放在应试科目的教学上，对思政课的投入相对有限。这种领导重视程度的差异，使得思政课一体化建设在资源分配、师资配备等方面难以得到均衡保障，进而影响了一体化的整体推进效果。

2.协同管理方面

（1）组织管理部门间的协同机制不健全

大中小学各学段内部的组织管理部门尚未构建统一的协同育人机制，导致在思政课一体化建设过程中存在分工不明确、责任落实不到位的问题。不同学段间的组织管理部门缺乏有效的沟通与合作，难以形成合力共同推进思政课一体化建设。此外，校际联动、家校联动、校地联动的制度建设和保障体系也有待完善，使得思政课一体化建设在资源整合、信息共享等方面存在诸多障碍。

（2）教师队伍间的沟通与协作不足

思政课教师队伍是推进思政课一体化的重要力量。然而，目前各学段思政课教师之间缺乏有效的沟通与协作机制，导致在教学内容、教学方法等方面难以形成统一的认识和行动。特别是小学和中学以及大学的思政师资存在"学段差"，各学段思政课教师之间在专业知识、教学经验等方面存在较大差异，难以形成有效的互补与合作。这种教师队伍间的沟通与协作不足，严重制约了思政课一体化建设的深入发展。

3.教育评价管理方面

（1）评价标准的不统一与碎片化

大中小学思政课一体化的推进需要建立统一、科学的评价标准体系。然而，目前不同学段间的思政课评价标准存在较大的差异和碎片化现象。中小学思政课往往以应试成绩为主要评价标准，而高校思政课则更注重学生的综合素质和能力培养。这种评价标准的不统一和碎片化，使得思政课一体化建设在效果评估、反馈改进等方面难以形成有效的闭环管理。此外，缺乏统一的量化标准和评价体系也使得思政课一体化建设的成效难以得到客观、准确的反映。

（2）评价机制的创新性不足

随着数字化、智能化技术的快速发展，传统的思政课评价机制已难以满足现代教育的需求。然而，目前许多学校在思政课评价机制的创新方面仍显不足，未能充分利用现代技术手段提高评价的科学性和有效性。特别是在网络思政系统尚未打通的情况下，不同学段间的思政课评价难以实现信息共享和互认，进一步加剧了评价机制的碎片化现象。这种评价机制的创新性不足不仅影响了思政课一体化建设的推进效果，也制约了学生综合素质的全面提升。

三、大中小学思政课一体化的教学载体运用存在问题的原因

（一）教育环境复杂化对载体运用的挑战

现在世界正经历着百年来最大的变化，而且这个变化越来越快。国际局势变得越来越复杂。一方面世界还是追求和平和发展，科技和产业都在经历新的大变革，国家之间的力量对比也在变，"人类命运共同体"得到普遍认同；另一方面世界局势变得越来越不稳定，不确定的因素也越来越多。一些国家搞民粹主义、排外主义，还有单边主义、保护主义、霸权主义，这些都对世界和平和发展构成了威胁。国际上的经济、科技、文化、安全、政治格局都在发生很大的变化。5G、大数据、人工智能、区块链这些新技术让互联网全面升级，人们可以更智能地社交，得到更精准的信息，但同时也容易被误导，从而陷入信息茧房。在这样的大变局下，西方国家在意识形态上对我们施加压力，他们的意识形态输出方式、形式和内容都在变，国内各种文化思潮也在碰撞，这给我们的主流意识形态宣传工作带来了很大的冲击。网络上的舆论问题也越来越多，我们的思想政治教育面临着前所未有的压力，这对教育者提出了更高的要求。大中小学的学生正处在成长的关键时期，他们的价值观和知识体系正在形成，面对复杂的国内外环境，要让大家都站稳

第六章　大中小学思政课一体化的载体运用

政治立场、提高政治判断力、坚定信念，就需要一套立体化、科学化的思想政治教育体系。但是，传统的教育方式已经不太适合新时代的需求了，在推进大中小学思想政治教育一体化的过程中，遇到了很多挑战，所以现在在使用这些教育方式时出现了很多问题。

（二）教育对象需求多元化对载体运用提出更高要求

随着我国社会主要矛盾的转化，人民日益增长的美好生活需要同不平衡不充分的发展之间的矛盾日益凸显。这一变化也体现在大中小学学生的需求上，他们表现出更强的独立性和主体性，对思想政治教育的需求也呈现出更高标准和更加多元的特点。这就要求思想政治教育者在载体的选用上，要更加尊重教育对象的主体地位，精准对标教育对象的多元化需求。然而，传统的课堂讲授方法和单一的载体形式已经难以满足学生的这种多元化需求，对教育者提高优化运用载体的能力提出了更紧迫的要求。

（三）教育者创新运用载体的意识和能力尚有不足

当前，一些教育者对于创新使用载体的意识不强，未能充分认识到载体在思政教学中的重要性。他们对于载体运用理论的掌握也相对薄弱，缺乏深入的理论基础来指导实践操作，这导致在实际教学过程中难以有效地运用和优化载体。并且，教育者在优化载体运用的实践素养方面有待提升，他们往往无法将理论知识转化为实际操作，导致载体的优化运用没有跟上新时代思想政治教育载体更新的进度，这种滞后性不仅影响了教学效果，也制约了大中小学思政课一体化建设的持续推进。再加上相关部门和教育工作者对于载体创新和优化运用的重视程度不够，他们没有将这一工作作为推进大中小学思政课一体化进程的关键因素来对待。同时，教育主管部门在资金投入上更多关注校园硬件环境和科研设备，而对思想政治教育载体运用的资金投入则相对不足。这种资金分配的失衡也进一步限制了教育者在这方面的创新和发展。

大中小学思政课一体化建设需要依托于"大思政"格局，但当前在实际操作中却存在缺失。在教师选拔与培养过程中，学校往往更加偏重科研、学术、管理能力的考查，而对于思政课教学水平的综合考核则相对不足。这种片面的选拔和培养方式导致部分教育者对于思政教学工作的认识存在偏差，他们过度依赖思政课的主阵地作用，而没有完全走出"思政课程"的传统思维。这种意识的缺位不仅制约了思想政治教育队伍的进一步壮大，也限制了思政课载体创新和优化运用的进程。

第三节 大中小学思政课一体化的载体运用路径

教育的基本规律指出，学生的学习与成长是一个由浅入深、持续地推进和认知发展过程。在此过程中，教育载体的有效运用是决定教学成效的关键。因此，构建大中小学思政课一体化，必须切实改进教学载体的运用策略。针对目前大中小学思政课程一体化在载体运用方面的现状，各级学校应将优化思政课程教学载体的运用作为核心任务，依据教育规律开展不同阶段的教学活动，以促进大中小学思政课程一体化体系的建设。通过逐步推进、螺旋式上升的方式，不断提升学生的思想道德素质，确保学生价值观的塑造和政治认同的连贯性，从而整体联动地培育出能够承担民族复兴重任的新时代青年。

一、高质量运用语言文字载体

语言文字是人类思想交流的重要工具，也是文化传承和发展的重要载体。在思政课一体化建设中，语言文字更是起着举足轻重的作用。首先，语言文字是思政课教学内容的主要表达方式。无论是教材编写还是课堂教学，都需要通过语言文字来传达思想政治教育的信息。其次，语言文字是师生之间进行思想交流的重要桥梁。在思政课上，教师需要运用语言文字来引导学生思考、启迪学生心灵，而学生也需要通过语言文字来表达自己的观点和感受。最后，语言文字还是评价思政课教学效果的重要标准。学生通过语言文字的运用能力，可以反映出他们对思政课教学内容的理解程度和思想认识的水平。

（一）强化通用语言文字教育，夯实语言文字基础

为了确保语言文字载体在思政课一体化建设中的高质量运用，必须首先强化通用语言文字教育。这包括从早抓起、从小抓起，提高学前儿童普通话教育的普及程度和普及质量，为学龄儿童普通话的规范使用铺垫扎实的基础。在各级学校中，要特别注重小学阶段学生的普通话教学，让学生养成在公共场合运用通用语言文字交流的基本习惯。同时，中学阶段要更加侧重学生使用通用语言文字的规范性与准确性，保证学生在义务教育阶段都能娴熟地掌握运用通用语言文字沟通交流的能力。大学阶段则要进一步强化学生的通用语言文字应用能力，增强普通话培训和测试力度，完善对学生语言文字应用能力的监测和评价标准。

除此之外，还需要加强各级各类学校的语言文字工作，提升教师的国家通用语言文字核心素养和教学能力。因为教师运用通用语言文字的规范与否会直接影响到学生对通用语言文字的学习和使用。各级学校需要切实优化大中小学的语言文字教育教学体系和育人环境，促进通用语言文字在大中小学的高质量普及，为大中小学思政课一体化建设打下坚实基础。

（二）注重语言的艺术，提升思政课教学效果

思政课教学工作者在教育实践活动实施过程中起着主导作用，他们需要对人们的意识形态施加特定的影响，帮助人们树立正确的立场、观点。这就要求广大思政课教学工作者不仅要通过摆事实、讲道理来让教育对象接受正面的理论灌输和价值观引导，同时在教育活动实施过程中还必须注重语言的

艺术。

具体来说，大中小学思政课教学工作者要根据学生个体身心发展的一般规律来运用妙喻取譬、讲故事、引典故。他们应该用更加生动、更富有亲和力的话语来开展教学实践工作，把握教学节奏韵律并善用修辞、精准用词。通过这样的方式，他们可以讲出学生听得懂、感兴趣的话语并有效提升思政课的教学效果。

（三）建设衔接互洽的思政课教材体系，保障语言文字载体运用

作为语言文字载体在思政教学过程中的具象化体现，思政课教材建设对于确保语言文字载体的高质量运用具有至关重要的作用。为了建设科学合理的大中小学衔接互洽的思政课教材体系，我们需要切实依据相关规定来设定科学合理的教学内容并保证思政课教学工作的有序开展。

在教材内容的设置上，应该根据学生的个人身心发展规律来循序渐进、螺旋上升地设置教学内容。小学阶段应该重在启蒙道德情感并设置浅显易懂的教材内容；初中阶段则应该重在打牢思想基础并加强基础知识的传授；高中阶段则需要重在提升政治素养并提升思想高度；而大学阶段则应该重在增强使命担当，并将中小学阶段的教学内容进行综合拔高与理论升华。

通过这样的方式，可以建设出科学合理的大中小学衔接互洽的思政课教材体系，避免教学内容的高度同质化和不必要的重复。同时，我们也可以增强思想政治理论课教材的横向贯连和纵向衔接，加强思想政治理论课主渠道建设并强力助推大中小学思政课一体化建设的进程。

二、高水平运用活动载体

活动载体作为思政课的重要组成部分，能够寓教于乐，使学生在参与中受到教育和启发。为了更好地实现这一目标，我们需要从多个方面入手，全面提升活动载体在大中小学思政课中的运用水平。

第六章　大中小学思政课一体化的载体运用

（一）增强理论渗透，确保活动载体的教育性

在大中小学思政课一体化建设中，活动载体必须蕴含丰富的理论内涵才能确保学生在参与中真正受到教育和启发，因此，要精炼活动精神实质，确保理论核心突出，避免泛娱乐化倾向。同时，要根据学生的年龄和认知水平，分层次进行理论渗透，使活动载体更加贴近学生实际。此外，还需要实现"乐"与"教"并重，将思想政治理论内容有机融合到生动活泼的活动中去，使学生在轻松愉快的氛围中接受教育。

（二）强化显隐互补，构建全面教育体系

在大中小学思政课一体化建设中，显性教育与隐性教育的有机互补是提升教育效果的关键。我们要坚持思政课的政治引领和价值引领作用，确保其在教育体系中的核心地位。同时，要推动各类课程与思政课程的协同效应，将思想政治教育渗透到各类课程和活动中去。为了创设丰富多样的教育活动，我们需要根据学生的个性特点和发展需求，开展形式多样的显性教育和隐性教育活动，使学生在多维的教育活动中增强感性认识，启发理性思考。

（三）创新活动模式，提升教育实效

如今，传统的单一活动形式已经难以满足学生多元化的教育需求，因此需要不断创新活动模式，使活动载体更加贴近学生实际、更加生动有趣。为此，要开展符合学生认知发展情况的教学活动，确保活动的针对性和实效性。同时，要切实提升活动载体的感染力，吸引学生主动参与教育实践活动。还可以积极借鉴国内外在思政课活动载体运用方面的先进经验，如日本的"高大协同"教学模式等，不断创新和完善活动模式。此外，增设跨学段联合活动也是提升教育实效的重要途径，可以鼓励不同学段的学生共同参与活动，增强活动的互动性和共享性。

（四）整合教育资源，形成教育合力

活动载体的运用需要多方面的支持和配合，只有整合各方资源、形成教育合力，才能确保活动载体的高水平运用。为此，要充分运用校内教育资源，为活动载体的运用提供有力支持。同时，要积极借助社会力量协同开展教育教学活动，如组织学生参加社会实践、志愿服务等。要推动学校、家庭、社会等各方面的协同配合，构建大思政格局，为活动载体的运用提供更加广阔的空间和平台。

（五）注重队伍建设，提升教师素质

在大中小学思政课一体化建设中，教师队伍建设是提升活动载体运用水平的重要保障。要加强教师培训和学习，提升其专业素养和教育教学能力。同时，要鼓励教师在活动载体的设计和实施中发挥创新精神，不断探索新的教育方法和手段。为了促进不同学段、不同学科教师之间的交流与合作，还需要加强教师间的沟通与协作，共同研究和探讨活动载体的运用策略和方法，形成共同进步的良好氛围。

三、高效能运用文化载体

文化，作为人类社会文明发展的结晶，蕴含着丰富的物质财富和精神财富。文化载体的优化与高效能运用能够助力大中小学思政课一体化建设。这里从均衡规划各类文化载体运用和充分转化现有文化资源为教学载体两方面，深入探讨如何在大中小学思政课一体化建设中优化文化载体的高效能运用。

（一）均衡规划各类文化载体的运用

在大中小学思政课教学中，文化载体形式多样，包括物质文化载体、精神文化载体、制度文化载体以及新兴的网络文化载体等。为了实现思政课的一体化建设，我们必须均衡规划并充分运用这些文化载体。

首先，物质文化载体的运用全面化。除了优化校园硬件设施和美化校园环境外，我们还应注重校园建筑、文体设施、科研设备等的完善。这些物质载体不仅是学校的基础设施，更是传递思想政治教育信息的重要工具。我们应该让校园的每一砖、每一瓦、每一草、每一木都充满教育意义，都成为学生成长的助力。

其次，充实精神文化载体的建设。在新时代背景下，面对物质文明的飞速发展，我们更应该注重学生精神文化世界的充实。大学校园尤其需要构建多样态的校园精神文化、宿舍精神文化、社群精神文化等，以营造出良好的育人环境和氛围。这些精神文化载体将有力地支撑起思政课教学的精神内核。

再次，完善制度文化载体。大中小学思政课教学的良序运行离不开完善的制度体系保障。应该注重校园规章制度、行为守则、公寓管理制度等的构建，并以这些制度为载体，贯穿思想政治教育信息。制度的强制性特点将有力传递思想政治教育信息，实现对学生一以贯之的价值引领和潜移默化的知识传授。

最后，加强新兴文化载体如网络文化载体的建设。网络已经成为信息传播与交流的主要平台，而大中小学学生是参与网络生活的主要群体。因此，在新时代，必须高度重视以网络文化为代表的新兴文化载体的建设，充分发挥其积极作用，坚持正确的文化取向，切实以技术新文化为依托促进大中小学思政课一体化建设。

（二）充分将现有的文化资源转化为大中小思政课教学文化载体

文化资源作为人类文明持续发展和思政课教学长期发展沉淀积累的珍贵

资源，具有复杂性和多重性。为了将这些客观资源转化为承载和传递思政课教学内容的文化载体，使用过程中需要发挥主观能动性，进行深入的甄别、整合和利用。

第一，继承和发扬中华优秀传统文化资源。这些资源蕴含着丰富的思想政治教育价值，可以为大中小学思政课教学提供有力的文化支撑。通过深入挖掘和整理，可以将这些传统文化资源转化为生动的教学案例和素材，使学生在学习中感受到中华文化的博大精深。

第二，充分挖掘和利用红色资源，将其融入大中小学思政课教学之中。通过讲述革命历史、传承红色基因，可以激发学生的爱国情感和民族自豪感，培养他们的社会责任感和使命感。

第三，整合革命文化资源和社会主义先进文化资源，使其成为大中小学思政课教学的重要内容。通过学习和了解革命历史和社会主义先进文化，学生可以更加深入地理解中国共产党的奋斗历程和伟大成就，从而更加坚定地信仰马克思主义和共产主义。

第四，批判地学习西方文化资源和抵制谬误的异质文化资源。在全球化的大背景下，西方文化资源对大中小学学生产生着越来越大的影响，教育者应该引导学生正确地认识和评价西方文化，吸取其精华、剔除其糟粕，并坚决抵制谬误的异质文化资源对学生的侵蚀。

四、高标准运用传媒载体

进入新时代，社会的现代化发展使得大众传媒，尤其是网络媒体如微博、微信、短视频平台等新型传播媒介，对人们的思想和行为产生了深刻影响。青年群体作为主要受众，其受影响的程度尤为显著。因此，在大中小学思政课一体化建设中，促进传媒载体的高标准运用，不仅有助于提升思政课的吸引力和感染力，还能有效推动大中小学思政课一体化体系的构建。

第六章　大中小学思政课一体化的载体运用

（一）深化现代传媒载体运用的理论研究

现代传媒载体与传统思想政治教育载体相比，具有出现时间较晚、更新发展迅速等特点。因此，相关领域的系统理论研究尚不丰富，对于现代传媒载体运用中出现的新情况、新问题，学术界还需要经过实践的检验后开展新一轮的理论探索。特别是在当前大中小学思政课一体化改革的背景下，有关传媒载体的理论研究应着眼于不同学段的传媒载体运用原则与方法。通过深入探究思想政治教育现代传媒载体运用的内在规律，为现代传媒载体在思想政治教育过程中发挥更大作用提供科学的理论指导。

在深化理论研究的过程中，应注重跨学科的研究方法，结合传播学、心理学、教育学等多学科的理论成果，对现代传媒载体的运用进行全面、深入的分析。同时，我们还应关注国内外在现代传媒载体运用方面的最新研究成果和实践经验，积极借鉴并吸收其有益成分，以丰富和完善我国的理论研究体系。

（二）加强大中小学传媒载体配套基础设施建设

传媒载体与其他教育载体不同，其在开发利用的过程中非常依赖于硬件设施的配备情况，因此，想要加强传媒载体的有效运用，必须从加大资金投入和完善硬件资源配置两个方面入手，采取有针对性的措施。

在资金投入方面，政府应设立专项资金，用于支持大中小学传媒载体配套基础设施的建设与升级，同时鼓励社会各界通过捐赠、赞助等方式参与资金筹集，形成政府主导、社会参与的多元化资金投入机制。在资金分配上，要确保资金在不同地区、不同学段之间的均衡分配，特别是加大对贫困地区、边疆地区及农村学校的投入力度，以缩小城乡、区域之间的教育差距。此外，还需要根据各学校的实际需求和发展规划，精准投放资金，确保每一笔资金都能发挥最大效益。

在硬件资源配置方面，要根据不同学段的教学特点，分学段配置教学设备。小学阶段注重直观感知，应配置投影、音响、触摸屏等多媒体设备，以及简单的VR教学系统，让学生能够通过视听结合的方式直观感受教学内容。

中学阶段强调交互性，应配置更高级别的交互式教学设备，如互动式电子白板、智能教学终端等，以支持学生自主学习和合作探究。大学阶段则注重深度学习和研究能力培养，应配置高性能计算机、专业软件、互联网资源访问设备等，以支持学生进行复杂的数据分析、模型构建和学术研究。同时，我们还需要建设资源共享平台，包括数字化教学资源库和在线学习平台，以实现优质教学资源的共享与利用，并打破时空限制，提高教学效率。此外，强化硬件设施的维护与管理也是必不可少的，需要制定完善的硬件设施维护计划和管理制度，确保设备处于良好运行状态，并定期对设备进行检修和升级。同时，加强对教师在信息技术和传媒载体使用方面的培训和支持力度，也是提高教学质量的重要保障。

（三）提高大中小学思政教学工作者灵活运用现代传媒载体的意识与能力

要想灵活运用现代传媒载体，首先需要树立正确的传媒载体运用观念。大中小学思政教学工作者需要深刻认识到现代传媒载体在教育教学中的巨大潜力，主动增强运用这些载体进行思政教育的意识，积极学习并宣传相关的原则和行为准则。同时，教育者应践行"身教胜于言传"的理念，通过自己的实际行动为学生树立榜样，引导他们正确、积极地使用现代传媒载体，并充分发挥这些载体在思政教学中的作用。

大中小学思想政治教育者还需不断提升自己创新运用传媒载体的能力。特别是对于那些对新媒体技术不太熟悉的老教师，应提供专门的培训，帮助他们掌握这些新工具。无论是新教师还是老教师，都应深入研究新时代学生的特点和成长规律，将新媒体领域的热门话题和新颖理念融入思政教学中，以此拉近与学生的距离，增强教学的吸引力，打破学生对思政教育工作的固有偏见。

此外，教育者还需着重培养学生的传媒载体使用规范，特别是现代传媒载体的正确使用方法。他们应加强对学生在使用传媒载体进行自主学习时的监管和指导，确保传媒载体在教学中的有效应用，从而保障大中小学思政课一体化建设的顺利推进。通过这些措施的实施，可以有效提升大中小学思想政治教育者灵活运用现代传媒载体的意识与能力，为学生的全面发展和思政教育的创新注入新的活力。

（四）强化大中小学的网络思想政治教育阵地建设

网络平台以其独特的优势打破了传统教育中的时空限制和学段壁垒，为不同学段的学生提供了一个平等交流、共同学习的环境。

1.充分利用网络平台优势，推动大中小学思政课一体化

网络平台因其自身的特殊性，使得所有使用网络的大中小学生能够实现真正的平等交流。这一特点为推进大中小学思政课一体化提供了有力引擎，应该充分利用这一优势，通过网络平台将不同学段的学生紧密联系在一起，让他们在同一个网络环境下接受统一的网络思想政治教育影响。同时，鼓励学生跨学段进行一对一互动，促进不同学段学生之间的思想交流和知识共享。

2.开设互联网思想政治教育红色平台，丰富教育资源

为了强化网络思想政治教育阵地建设，需要开设大量的互联网思想政治教育红色平台，邀请负责宣传教育的官方账号入驻，以微博、微信、微视频等新型大众传媒平台为载体，开展富有感染力的思想政治教育活动。通过这些平台，可以为大中小学学生创设一个一体化的网络思想政治教育阵地，提供丰富多样的教育资源和学习机会。

3.整合网络资源，提升教育的针对性与实效性

网络资源的整合，可以提升大中小学思政课一体化建设的针对性与实效性，可以将优质的网络思想政治教育资源进行分类和整理，形成针对不同学段学生的教育资源库。同时，利用大数据和人工智能技术可以对学生的学习行为和需求进行分析和预测，为他们提供个性化的学习推荐和辅导服务。这样可以更好地满足学生的学习需求，提升他们的学习效果和满意度。

五、高度协调运用管理载体

（一）强化顶层设计，明确管理载体运用方向

顶层设计要注重全局性、前瞻性和系统性，既要考虑整体布局，又要关注局部细节。在管理载体的运用上，不能忽略局部的作用，要不断完善各学段管理机构和领导决策队伍的建设，提升创新管理意识，灵活运用管理载体。同时，要注意各学段管理载体运用的联系和协调，建立起集中统筹管理大中小学思政课一体化工作的领导决策部门，以规范性的规划与制度切实保障大中小学形成一体联动的协调管理机制。

（二）强化管理共识，提升领导决策队伍效能

大中小学的领导决策队伍在思政课一体化建设中起着至关重要的作用，他们必须从人的全面发展的角度出发，以契合学生认知阶段性特点的方式统筹思想政治教育教学。为此，需要强化领导决策队伍的管理共识，提升他们对大中小学思政课一体化建设的管理效能。这包括加快转变传统的管理理念、树立创新管理意识，不仅要加强对思想政治教育"主渠道"和"主阵地"的建设，也应该充分注重对其他思想政治教育重要阵地的建设。例如，在宿舍管理工作中渗透思想政治教育信息，深入开展"思想政治教育进宿舍"工作，以发挥有效的思想价值引领作用。

（三）建设协调管理机制，促进各学段紧密联系

建设各学段相互协调的管理机制需要统筹管理大中小学思想政治教育师资队伍，针对各学段思想政治教师配备不均衡的问题进行调整和优化。同时，要建立起协同育人的管理机制，加快资源整合和统筹运用，发挥大中小学思想政治教育的合力作用。此外，还需要建立起各学段间的沟通交流机制，以畅通的沟通打破由于学段的硬性阻隔而形成的主观桎梏和客观壁垒。

通过加强各学段间思想政治教育者在实际工作过程中的密切沟通协作，打造出一套有序高效、通力协作的运行管理制度。

（四）制定整体协调的教学考核标准与评价体系

为了实现大中小学思政课一体化建设的有序运行和持续发展，需要制定出一套整体协调的教学考核标准与评价体系。这一体系应该包括合理有效的评价指标体系、教育质量评价的长效机制以及各学段思想政治教育工作的及时沟通与反馈机制。通过构建连续的思想政治教育考核评价反馈链，用思想政治教育考核评价管理一体化衔接来促进大中小学思政课一体化建设的深入推进。

第七章　大中小学思政课一体化的资源运用

第七章　大中小学思政课一体化的资源运用

第一节　思政课教学资源概述

一、教学资源的内涵

明确思想政治理论课教学资源的概念内涵，廓清思想政治理论课教学资源的研究边界，是开展思想政治理论课优质教学资源研究的前提和基础。教学资源作为"教学"和"资源"的合成词汇，其必然与"资源"本身所具有的独特内涵有着极大的关联，这就有必要首先从"资源"一词入手并予以探讨，这样才能逐渐弄清楚思想政治理论课优质教学资源的真正含义。

（一）"资源"的词源考释

"资"，在《说文解字》中解释为："货也，从贝，次声，即夷切。"[1]解释为财物或凭借、依托的条件，主要指的是有形的实物或财物，也是开展某种活动所必需的凭借或条件。

"源"，在《说文解字》中解释为："𠇢，水泉本也。从𠂢出厂下，愚袁切。原，篆文从泉。臣铉等曰：今别作源，非是。"[2]解释为水流起头的地方，引申为事物的来源。

在《辞海》中，"资源"解释为资财的来源，一般指天然财源，或者指一国或一定地区内拥有的物力、财力、人力等物质要素的总称，分为自然资源和社会资源两大类。这一解释带有一定的经济色彩，但尚未涵盖其现代含义的广泛性。

在词源学上，"资"和"源"并没有必然的内在关联，只是后来在语言

---

[1] 许慎.说文解字[M].北京：中华书局，1963：130.
[2] 许慎.说文解字[M].北京：中华书局，1963：1229.

的演化过程中，它们组合在一起，形成了"资源"一词，并逐渐引申为资材的来源。

在英语中，"资源"对应的是"resource"，其含义更为宽泛，包括资金、材料、人员等可供个人或组织有效运作的各种生产要素。这表明，"资源"的概念不仅限于天然财源，还涵盖了社会生产所需的各种要素。

随着社会的发展和认识的深化，"资源"一词在汉语中的含义逐渐扩展。在《现代汉语词典》中，"资源"解释为"生产资料或生活资料的来源，包括自然资源和社会资源"，这一定义更加全面地涵盖了资源的各种类型，体现了其从经济科学引入并逐渐扩展的过程。

"资源"一词还广泛应用于语言学领域，用来指代语言资源。语言资源作为自然界、人类和文化相互结合的产物，是资源概念最完美的代表之一。它包括了普通话、方言、外语、少数民族语言等多种语言形式及其研究成果和语料库等衍生资源，展示了"资源"概念在跨学科应用中的广泛性和深度。

（二）教学资源的内涵解读

1.教学论视域下的教学资源

教学论视域下，教学资源的内涵和外延随着教学理论的发展而不断深化和扩展。在教学论视域下，教学资源被视为支持教学活动开展、实现教学目标、优化教学活动和提升教学品质的各种教学要素的总和。

首先，教学资源是开展教学活动的基础和条件。没有教学资源，教学活动就无法进行。教学资源既包括人力资源，如教师、学生、家长等，也包括非人力资源，如教学媒体、教学辅助设施、社会教育机构等。这些资源在教学活动中发挥着不可或缺的作用，为教学活动的顺利进行提供了必要的支撑。

其次，教学活动需要在更加优化的形式上进行，而教学优化过程就是对教学资源的优化过程。通过选择最适合的教学目标、教学方法和教学手段，以及合理地配置和利用教学资源，可以实现教学活动的最优化，提高教学效果和质量。

第七章 大中小学思政课一体化的资源运用

最后，不同层次的教学其渗透的教学理念和教学品位是不同的，而教学资源正是实现这些教学理念和教学品位的重要载体。通过开发和利用优质的教学资源，可以丰富教学内容，创新教学方法，提升教学品质和教学境界。

2. 教学资源的详细解释

（1）教学资源是教学的构成性资源与影响性资源的协同共生

教学资源可以划分为构成性教学资源和影响性教学资源。构成性教学资源是教学活动中的基本要素，它们共同构成了教学活动的骨架，是教学活动得以进行的基础。这些资源包括教师、学生和教学内容，它们在教学活动中扮演着不可或缺的角色。教师作为教学活动的引导者和组织者，是教学资源的重要组成部分；学生作为教学活动的主体，是教学资源的核心；教学内容则是教学活动的载体，是教学资源的具体体现。

影响性教学资源则是对教学过程产生影响的要素，它们为教学活动提供了血肉，使教学变得丰满和有效。这些资源包括教学目的、教学方法和教学环境等。教学目的明确了教学活动的方向和目标，为教学资源的选择和利用提供了指导；教学方法是实现教学目的的手段和途径，它影响着教学资源的整合和运用；教学环境则是教学活动发生的场所和氛围，它对教学资源的效果产生着重要影响。

构成性教学资源和影响性教学资源在教学活动中相互依存、相互作用，共同支撑着教学活动的有效开展。没有构成性教学资源，教学活动就无法进行；而没有影响性教学资源，教学活动就会失去活力和意义。因此，在教学实践中应充分认识和利用这两种教学资源的双重属性，合理配置和优化教学资源，以推动教育的持续发展。

（2）教学资源是教学中预设性资源与生成性资源的和谐统一

预设性教学资源是指在教学活动开始前进行预设和筹划的资源，它们为教学活动的有序进行提供了保障，这些资源包括教学预案、教学设计和相关教学资源准备等。通过预设性教学资源的准备和利用，教师可以对教学活动进行有针对性的规划和安排，确保教学活动的顺利进行。

然而，教学活动是一个动态的过程，它不可能完全按照预设的轨迹进行。在教学过程中，师生之间的互动、教学氛围的营造以及教学资源的整合与流变都会使得教学活动产生新的变化和生成新的资源。这些在教学过程中动态生成和变化的资源就是生成性教学资源。生成性教学资源具有不确定性和创造性，它们为教学活动带来了新的活力和可能性。

预设性教学资源和生成性教学资源在教学活动中相互交织、相互补充，共同构成了教学活动的完整过程。预设性教学资源为教学活动的有序进行提供了基础，而生成性教学资源则为教学活动的创新和发展提供了动力。在教学实践中，我们应充分认识和利用这两种教学资源的动态特征，灵活应对教学过程中的变化和挑战，以推动教学活动的持续发展。

（3）教学资源是单一型教学资源与混合型教学资源的叠加交叉

单一型教学资源具有单一特征且不可再分，它们在教学活动中扮演着特定的角色。这些资源包括教学时空资源、教学实物资源、教学文本资源等。单一型教学资源大多以"静态""有形"或者"显性"的形态存在，它们为教学活动的顺利进行提供了必要的物质保障。

在教学活动中，单一型教学资源往往无法满足复杂多样的教学需求。因此，混合型教学资源应运而生。混合型教学资源是由多种资源要素混合而成的资源，它们在教学活动中相互叠加、交融，从而形成丰富多彩的教学资源形态。这些资源包括以某种资源为主、其他资源为辅的混合型资源以及多种教学资源要素混合在一起、难辨彼此的混合型资源。混合型教学资源具有多样性和复杂性的特征，它们为教学活动提供了更加丰富和多元的资源选择。

单一型教学资源与混合型教学资源共同支撑着教学活动的有效开展。单一型教学资源为教学活动提供了基础性的物质保障，而混合型教学资源则为教学活动提供了更加丰富和多元的资源选择。在教学实践中，我们应充分认识和利用这两种教学资源的形态多样特征，根据教学活动的具体需求和目标，合理选择和配置教学资源，以推动教学活动的持续发展。

（4）教学资源是"物性"资源与人本资源的有效结合

在区分教学资源时，我们通常依据其载体是否具有生命特征，将其划分为"物性"资源和人本资源。所谓"物性"教学资源，指的是那些以非生命物质为载体的资源，例如教学文本、教学空间、教学设施、教学信息以及实物教具等。这些外在于人的资源，随着物质文明的发展而日益丰富，极大地促进了教学活动的改进。然而，教学活动的复杂性本质上更多地体现在人的因素上。正是人的参与，赋予了教学活动复杂性，并且因为教学活动直接关联到人，它才显得如此有价值和意义，展现出无穷的魅力。

师生作为教学活动中的人本资源，是最具活力的教学资源之一，且是一种永不枯竭的资源。要充分理解和运用人本教学资源，教师需要具备全面的素养和深厚的教育功力。教师的教学观念、课程理解、学习理念、教材运用以及对教学资源的看法，还有学生的学习态度和对教师的看法，都是激活人本教学资源的关键因素。这些因素的结合与融合，深刻地影响着教师的教学能力、教学品质和教学境界，进而影响教学目标、教学过程和教学成效，同时也影响着学生的学习成效和学习动机。

"物性"教学资源是以非生命为载体的教学资源，它们以物质形态存在于教学活动中，为教学活动的改善提供支撑。这些资源包括教学文本、教学设施、教学信息、实物教具等。通过丰富的物质发展而形成的"物性"教学资源，为教学活动的顺利进行提供了必要的物质保障。

教学活动不仅仅是物质层面的交互，更是人与人之间的交流和互动。因此，人本教学资源在教学活动中扮演着至关重要的角色。人本教学资源是指参与教学活动的师生所构成的教学资源，他们是最具活性的教学资源。师生的知识、经验、情感、态度等都会成为教学活动中的重要资源，对教学活动产生深刻影响。

"物性"资源与人本资源在教学活动中相互依存、相互作用，共同构成了教学活动的完整体系。没有"物性"资源的支撑，教学活动就无法进行；而没有人本资源的参与和投入，教学活动就会失去活力和意义。因此，在教学实践中，我们应充分认识和利用这两种教学资源的双重载体特征，注重"物性"资源与人本资源的有机结合和优化配置，以推动教学活动的持续发展。

二、思政课教学资源

（一）思政课教学资源的基本定义与特性

思政课教学资源是指在思政课程设计、编制、实施和评价等整个教学过程中，可利用的一切人力、物力、财力以及自然资源的总和。这些资源包括教材、教辅材料、教师团队、教学设施、实践活动、信息化平台等，它们共同构成了思政课教学活动的物质基础和信息载体。

思政课教学资源具有鲜明的思想性、政治性、理论性、实践性和动态性。思想性体现在其必须弘扬社会主义核心价值观，引导学生树立正确的世界观、人生观和价值观；这种思想性不仅体现在课程内容的选择和编排上，还体现在教师的教学方法和态度上，确保学生能够在潜移默化中接受和认同这些核心价值观。政治性则要求其传导正确的政治理念，培养学生的政治素养和政治能力；这意味着思政课不仅仅是传授知识，更是要培养学生的政治敏锐性和责任感，使他们能够在复杂的社会环境中保持正确的政治方向。理论性强调其应涵盖丰富的哲学社会科学理论，帮助学生掌握学科知识和方法；这不仅包括传统的马克思主义理论，还包括经济学、法学、社会学等多个领域的知识，使学生能够全面、系统地理解社会现象和问题。实践性则注重将理论知识应用于实践，提升学生的实践能力；这要求思政课教学不能仅仅停留在理论层面，还要通过案例分析、社会实践等多种形式，让学生在实际操作中理解和运用所学知识。动态性则要求教学资源不断更新和完善，以适应新的教学需求和挑战；这不仅包括教材内容的更新，还包括教学方法和手段的创新，确保思政课能够与时俱进，满足学生和社会的发展需求。

（二）思政课教学资源的构成要素

思政课教学资源的构成要素复杂多样，但大致可以归纳为以下几个方面：首先是人力资源，包括教师团队、学生群体和教辅人员。教师团队是核心，他们的专业素养、教学能力和育人情怀直接影响教学效果。学生作为教学活动的主体，其学习态度、兴趣和能力也是重要的教学资源。教辅人员则在教学组织、资源调配、后勤保障等方面发挥着重要作用。其次是物力资源，包括教学设施、教学材料和实践活动基地。这些为思政课教学提供必要的物质条件和载体。再次是财力资源，包括经费投入和资金运作。合理的经费投入和资金运作机制能够确保思政课教学资源的建设和优化。最后是信息资源，包括信息化平台和数据资源。它们为思政课教学提供丰富多样的信息化资源和教学手段，也为教学决策和效果评估提供科学依据。

（三）思政课教学资源的功能价值

思政课教学资源具备多重功能价值。首先，为教学活动的顺利进行提供坚实支撑。无论是传统的课堂教学还是线上线下混合式教学，均需相应的教学资源作为后盾，这些资源不仅能为教师提供丰富的教学素材和工具，也能为学生开辟多样化的学习途径和体验。其次，提升教学效果和人才培养的质量。高质量的教学资源能够激发学生的学习兴趣和积极性，从而提高教学效果。丰富的实践活动和案例分析也能助力学生将理论知识应用于实际，增强解决问题的能力和提升综合素质。最后，促进教学改革和创新。随着教育改革的深化和信息技术的迅猛发展，思政课教学亦需不断创新和完善。优质的教学资源能为教学改革提供有力支持，推动教学理念、教学内容、教学方法等方面的创新。

第二节　网络教学资源在大中小学思政课一体化建设中的运用

一、网络教学资源概述

（一）网络教学资源的含义

网络教学资源指的是经过数字化的处理过程，能够通过网络展示的各种教学资源，如视频、图片、文本、动画等。网络教学资源旨在促进教学更加具体全面地进行，增强学生学习的自主性和丰富性。它们不仅服务于课堂教学，还涵盖了学科建设和素质教育等多个方面。例如，在课程建设上，网络教学资源包括多媒体技术、电子白板、题库等；在学科建设上，包括学科网站、实验教学平台、网络素养库等；在素质教育方面，则包括素质教育教学法的介绍、相关教育家的网络分享等。

（二）网络教学资源的类型

随着信息技术的飞速发展和互联网的普及，网络教学资源已经成为现代教育中不可或缺的重要组成部分。这些资源不仅丰富了教学手段，还极大地拓宽了学生的学习渠道，提高了教学效果。

1.按资源形态划分

从资源形态上划分，网络教学资源主要包括教育环境资源、教育信息资源和教育人力资源。教育环境资源构成了网络教育系统的硬件和软件基础，如计算机设备、网络设备、网络操作系统等，为网络教学活动提供了必要的物质和技术支持。教育信息资源则是网络教学资源中最核心的部分，包括课程、题库、资料、素材等多媒体形式的数字化知识信息，它们以文本、音频、图形（图像）、动画和视频等多种形式呈现，满足了学生多样化的学习需求。而教育人力资源虽然不直接体现为物质形态，但其在网络教育中的作用同样不可忽视，包括网上教学人员、服务人员和管理人员等，他们通过在线授课、答疑、管理等方式，为学生提供直接的学习指导和支持。

2.按使用功能划分

从使用功能上划分，网络教学资源又可以分为课件库、微教学单元库、案例库、试题库、常见问题库、名词术语库、参考资源库、网址资源库、共享软件库和基础资源库等多种类型。这些资源库以不同的方式服务于教学活动，如课件库提供精心设计的教学课件，帮助学生更好地理解和掌握知识点；微教学单元库将复杂的教学内容分解为若干个微小的学习单元，便于学生自主学习和巩固；案例库则收集了大量真实或模拟的教学案例，用于展示知识点的实际应用场景等。

3.按平台类型划分

除了上述按资源形态和使用功能划分的方式外，还可以根据平台类型将网络教学资源划分为专门教育网站（平台）资源和其他网络资源两大类。专门教育网站（平台）如学堂在线、中国大学MOOC、网易公开课等，它们提供了丰富多样的在线课程、教学资源和学习支持服务；而其他网络资源则包括各类网络论坛、博客、社交媒体等平台上与教育相关的内容，这些资源虽然不如专门教育网站那样系统和完善，但也能在一定程度上满足学生的学习需求。

（三）网络教学资源的特点

1.多样性

网络教学资源以其丰富多样的形式，为学生提供了更为广阔的学习视野。其既包括传统的文本和图片，也有音频、视频、动画等多种媒体形式。这种多样性不仅满足了不同学生的学习需求，也为他们带来了更为丰富和立体的学习体验。例如，对于需要听觉辅助的学生，音频资源能够为他们提供更为直观和生动的学习材料；而对于视觉型学习者，视频和动画则能够更好地帮助他们理解和掌握知识点。

2.共享性

在传统的教学模式中，教学资源往往受限于地域和时间的限制，难以实现广泛的共享，而网络教学资源打破了这些限制，使得优质的教学资源能够跨越时空的界限，被更多的学生所访问和利用，这种共享性不仅促进了教育资源的优化配置，也为教育公平的实现提供了有力的支持。通过网络，即使是偏远地区的学生也能够享受到优质的教学资源，从而有利于实现教育资源的均衡分配。

3.互动性

在传统的教学模式中，学生往往处于被动接受知识的地位，与教师和教学资源之间的互动有限。但是，网络教学资源提供了丰富的互动功能，如在线讨论、即时反馈、虚拟实验等。通过与教师和同学的在线交流，学生能够更为深入地理解和掌握知识，同时也能够锻炼他们的沟通能力和团队协作能力。

4.启发性

与传统的教学模式相比，网络教学资源更加注重培养学生的创新思维和解决问题的能力。通过网络教学资源，学生能够接触到更为广泛的知识领域和问题情境，从而激发他们的好奇心和求知欲。同时，网络教学资源也提供了更为灵活和多样的学习方式，使得学生能够根据自己的兴趣和需求进行自主学习和探索。

二、大中小学思政课网络资源教学一体化建设的现状分析

互联网技术的发展，加快了网络教学的发展，也推进了大中小学思政课网络资源教学一体化建设的进程。教育部多次出台改革指导意见或方案，并于近期成立了大中小学思政课一体化建设指导委员会进行统筹布局。近年来，大中小学思政课网络教学一体化建设取得了一些改革成果，但在发展过程中也出现了一些新问题，一体化教学建设亟待深入探索。

（一）网络资源内容整合不足

当前大中小学思政课网络资源建设仍然面临着内容重复、缺乏统筹整体性的问题。这主要体现在各学段的资源建设往往是各自为政，对照课本内容进行简单复制，而忽视了不同学段之间的衔接与递进。这种现状导致网络资源难以体现螺旋上升的内在要求，无法实现循序渐进的教学效果。因此，如何整合各学段资源，形成一个有机整体，是当前亟待解决的问题。

（二）网络资源软硬件兼容性欠缺

思政课网络资源不应仅局限于教材内容，而应包括一切能够起到课程教

学辅助教育功能的信息。然而，在现实教育教学领域，不同的教育资源隶属于不同的资源平台，使用门槛高，难以广泛普及和有效利用。此外，地域发展差别导致的网络覆盖不足、智能终端设备不达标等问题，也进一步限制了网络资源的深度融合与实效性。因此，提高网络资源的信息化兼容性、交互性，打破不同教育资源之间的壁垒，是实现共建共享的关键。

（三）教师对网络资源的把控不够

教师的网络化水平参差不齐，一些老教师对于学习网络新技术持抗拒态度，无法转变教育教学传统观念，对网络资源教学的把控力不足。这种现状导致网络资源在教学中的应用受到限制，无法实现其应有的效果。因此，教师需要积极转变观念，提升网络化水平，充分把控有效资源，并进一步探索各种思政资源的深度融合、优化创新、共享共建。

三、大中小学思政课网络资源教学一体化建设的路径分析

大中小学思政课网络资源教学一体化建设是一个系统工程，涉及多个方面和层面的协同与合作。在这个过程中，我们必须认清其建设的复杂性和长期性，并构建开放的大格局来审视和剖析存在的问题。为了切实有效地推动这一建设的创新发展，可以从以下几个方面进行路径分析。

（一）搭建网络资源一体化平台

要想实现大中小学思政课网络资源教学一体化，需要搭建一个统一的、综合性的网络资源平台。这个平台应具备内容全面性、易用性、互动性和开放性等特点。内容全面性要求平台涵盖大中小学所有学段的思政课内容，确保资源的全面性和系统性，同时内容要与时俱进，及时更新，反映最新的思

政教育理念和研究成果。易用性则要求平台的设计注重用户体验，界面简洁明了，操作便捷，使用户能够轻松找到所需资源，进行在线学习、交流和分享。互动性则是指平台需提供丰富的互动功能，如在线讨论、问答、测试等，以增强学生的学习参与度和提高兴趣，同时教师也可以通过平台与学生进行实时互动，解答疑问，指导学习。开放性则是指平台需允许各方参与资源的建设和共享，鼓励教师、学生、专家学者等上传优质资源，形成资源的共建共享机制。在搭建平台的过程中，还需要考虑技术支撑和资金保障，确保平台的稳定运行和持续发展。

1.内容优化与衔接

在构建网络资源一体化平台的过程中，首要任务是注重内容的优化工作，这涉及各个学段内容的合理安排和顺畅衔接以及学科之间的交叉与融合。具体来说，就是要运用马克思主义理论，结合中国特色社会主义的伟大成就，充分展示理论自信和道路自信，从而为上好思政课提供有力的支持和保障。内容的优化还应特别关注案例的生动性和时效性，优先挑选近期的热点案例和个人亲身经历的案例，以此来提升教学内容的吸引力和实际效果，使学生能够更好地理解和吸收知识。

2.技术应用与创新

随着5G、人工智能（AI）、虚拟现实（VR）等前沿技术的迅猛发展，教学资源的展现方式也必须与时俱进，以适应时代的变革。这些先进技术的应用不仅能够使教学内容变得更加生动有趣，还能更好地符合年轻一代的接受习惯和学习方式。通过利用这些技术，教学内容可以变得更加直观、互动性也会大大增强，从而极大地提高教学的吸引力和传播效果。

例如，5G技术的高速度和低延迟特性，使得在线教学和远程教育变得更加流畅和高效。学生可以随时随地通过高清视频与教师互动，仿佛身临其境。人工智能技术可以为学生提供个性化的学习体验，通过数据分析和智能推荐系统，帮助学生找到最适合自己的学习路径和资源。虚拟现实技术则可以将抽象的概念和复杂的知识以三维形式展现出来，使学生能够在虚拟环境中进行沉浸式学习，从而加深理解和记忆。

这些新技术的应用不仅能够激发学生的学习兴趣，还能提高他们的学习效率和效果。通过生动的视觉和听觉体验，学生可以更加直观地理解复杂的知识点，从而更好地掌握所学内容。此外，这些技术还可以为教师提供更多的教学工具和方法，帮助他们更好地设计课程和评估学生的学习效果。

3.教师协作与资源共享

一体化平台的建设还应为教师提供一个高效的沟通协作平台。教师可以在平台上上传自己的网络资源，同时借鉴其他优秀教师的资源，实现教学相长。此外，平台还应促进不同学段教师之间的纵向沟通，形成网络教学资源的有效衔接。

（二）构建网络教学一体化体系

网络教学一体化体系应包括课程体系、教学方法、评价体系和资源共享等方面。课程体系方面，需要根据大中小学不同学段的特点和需求，制定统一的课程标准和教学大纲，确保各学段之间的课程内容相互衔接，形成一个循序渐进、螺旋上升的教学体系。教学方法方面，需要探索适合网络教学的思政课程教学方法，如采用线上线下混合式教学、理论实践虚拟课堂相结合的方式，提高教学的实效性和吸引力。同时，注重运用现代信息技术手段，如大数据、人工智能等，为教学提供有力支持。评价体系方面，需要建立科学的网络教学评价体系，既要对学生的学习效果进行评价，也要对教师的教学质量进行评估。通过评价体系的反馈，不断优化教学方法和内容，提高教学效果。资源共享方面，则需要实现网络教学资源的共建共享，鼓励各方积极参与资源的建设和上传，形成资源的多元化和丰富性。同时，建立资源的审核和管理机制，确保资源的质量和合法性。在构建网络教学一体化体系的过程中，需要注重体系的整体性和协调性，确保各个组成部分之间的相互衔接和配合，形成一个有机整体。同时，也要注重体系的灵活性和创新性，以适应不断变化的教育环境和需求。

（三）统筹教师队伍一体化培训

教师在思政课程教育体系中占据着核心位置。要达成大中小学思政课网络资源教学的一体化，需要针对教师队伍展开一体化培训。这涉及理念的重塑、技能的精进、团队的协作以及持续的成长等多个维度。在理念重塑上，要引领教师摒弃旧有的教学观念，拥抱现代化的教育理念，深刻认识到网络教学的重要性，并勇于尝试和创新网络教学的新模式和新方法。在技能精进上，要加大对教师网络技能的培训力度，包括网络平台操作、网络课程设计、网络教学实施等，确保每位教师都能熟练运用网络教学工具，提升教学效果。在团队协作上，应积极构建教师间的网络交流平台，鼓励资源共享、经验交流和问题探讨，通过团队协作，提升整体教学水平。在持续成长上，应重视教师的长期发展和专业培训，定期举办网络教学研讨会、工作坊等活动，邀请行业专家进行指导和分享。同时，鼓励教师投身网络教学的研究与实践，不断提升自身的专业素养和教学能力。在规划教师队伍一体化培训时，应紧密结合教师的实际需求和能力水平，制订具有针对性和实效性的培训计划，同时注重培训的多样性和灵活性，以满足不同教师的成长需求。

第三节　VR资源在大中小学思政课一体化建设中的运用

一、VR的概念

虚拟现实（VR）技术，是信息时代高新技术飞速发展的杰出产物，正以前所未有的速度改变着我们的生活、工作和学习方式。其深厚的内涵不仅体现在技术的先进性上，更在于它为人类带来的全新感知体验和认知方式的变革。

VR技术的核心在于"虚拟"与"现实"的深度融合。它通过计算机技术模拟出一个逼真的三维环境，使用户能够身临其境地感受到这个虚拟世界的存在。这种模拟不仅仅局限于视觉，还包括听觉、触觉、力觉、运动感知等多种人类感知方式，使用户在虚拟环境中获得与真实世界相似的体验。这种多维度的感知模拟，正是VR技术沉浸感的重要来源。

VR技术具有以下几方面重要特征：

第一，沉浸感（Immersion）。VR技术通过高度模拟人的多种感知方式，如听觉、视觉、触觉、力觉、运动感知等，使用户感觉仿佛真实存在于虚拟环境中。这种身临其境的感觉让用户难以分辨虚拟与现实的界限，从而达到高度的沉浸体验。

第二，交互性（Interaction）。用户可以在虚拟世界中与物体和环境进行互动，实现人机交互。这种交互性主要借助于专用设备（如操作手柄、数据手套等）产生，以自然的方式，如手势、身体姿势、语言等技能，操作虚拟现实中的对象。

第三，构想性（Imagination）。VR技术通过创建逼真的虚拟环境，为用户提供了一个可以自由想象和创新的平台。在这个平台上，用户不受现实世界的限制，可以自由地探索、实验和创造，从而极大地激发了他们的想象力和创新力。通过VR技术，用户可以在虚拟环境中亲身体验和交互，这种体验方式比传统的文字或图片描述更加直观和生动。因此，VR技术有助于用户更深入地理解抽象的概念和理论，使他们能够以更具体、更形象的方式把握知识的内涵。在虚拟环境中，用户可以通过与环境的交互作用，获得感性和理性的认知。这种认知方式不仅丰富了用户的感知体验，还有助于他们在思维上实现新的突破和创新。

2017年，《国家教育事业发展"十三五"规划纲要》中明确指出，"确立在线教育与数字教育资源的质量标准体系，促进数字教育资源准入与监管机制的构建，健全数字教育资源的知识产权保护体系，并激励企业及社会各界力量积极参与数字教育资源的研发，旨在营造一个公平、有序的市场环境。同时，要培育社会化的数字教育资源服务市场，探索并制定'互联网+教育'的管理规范，以推动互联网教育服务新业态的发展"。此外，该规划还强调，"应支持各级各类学校致力于智慧校园的建设，充分利用互联网、大数据、人工智能以及虚拟现实等先进技术，积极探索并实践未来教育教学的全新模式"。在"互联网+"时代蓬勃发展的背景下，将VR技术巧妙融入思政课的一体化教学中，成为新时代下的一种创新实践方案。这一教学方式不仅彰显了鲜明的时代特征，为传统的教学模式注入了新的活力与手段，而且有望有效应对当前思政课一体化教学中存在的诸多挑战，从而进一步提升课程的教学效果与质量。

二、VR技术应用于思政课教学中的优势与困境

（一）VR技术应用于思政课教学中的作用

1. 促进师生双主体的形成

传统思政课往往以教师讲授为主，学生被动接受知识。而VR技术的应用，使得教学方式发生了根本性变化。通过VR技术，教师可以构建逼真的虚拟场景，将抽象的思政理论具象化、生动化，让学生在身临其境的体验中学习。这种教学方式极大地提高了学生的参与度和兴趣，使他们从被动接受转变为主动探索。

在VR思政课堂中，学生不再是单纯的听众，而是成为学习的主体。他们可以自由地探索虚拟环境，与虚拟对象进行交互，从而获得更加直观、深刻的学习体验。这种学习角色的转变，使得学生更加主动地参与到学习过程中来，提高了他们的学习积极性和自主性。

在虚拟教学环境中，教师不再是唯一的知识来源，而是成为学生学习的引导者和帮助者。教师可以根据学生的学习情况和反馈及时调整教学策略和方法，为学生提供个性化的学习支持。同时，学生也可以通过VR平台与教师进行实时互动和交流，分享学习心得和体会，从而建立起更加平等、和谐的师生关系。

VR技术应用于思政课教学，通过身临其境的体验和直观生动的展示，学生可以更加深入地理解思政理论的内涵和意义，增强他们的认同感和归属感。同时，VR技术还可以帮助学生拓宽视野、丰富知识，提高综合素质和能力水平。

第七章　大中小学思政课一体化的资源运用

2.突破时间和空间上的局限

VR技术的应用使得思政课可以不受时间限制，学生可以在任何时间，通过VR设备进入虚拟课堂，进行自主学习和探索。这种灵活性不仅方便了学生的学习安排，也使得思政课的教学更加灵活多样。

传统思政课通常需要在固定的教室或会议室进行，受限于物理空间的大小和布局。而VR技术则打破了这一局限，创造了一个无限延伸的虚拟空间。在这个空间里，学生可以自由地探索、交互和学习，不受物理空间的限制。这种空间上的突破使得思政课可以容纳更多的学生，同时也为教学提供了更多的可能性和创意。

VR技术通过模拟真实的环境和情境，为学生创造了一个沉浸式的学习环境，在这个环境中，学生可以身临其境地感受思政课的内容，更加深入地理解和体验所学的理论知识。这种沉浸式的学习体验不仅提高了学生的学习兴趣和积极性，也使得思政课的教学更加生动和有趣。

借助VR技术，思政课还可以实现远程互动和教学，教师和学生可以在不同的地点通过VR设备进行实时的互动和交流。这种远程互动不仅方便了教师和学生之间的沟通，也使得思政课的教学可以跨越地域和文化的界限，实现更广泛的教学覆盖。

3.丰富教学内容，提高教学效果

VR技术应用于思政课教学无疑为这一传统学科注入了新的活力，极大地丰富了教学内容并显著提高了教学效果。通过VR技术，思政课可以突破传统教室的限制，将学生带入各种逼真的虚拟环境中，提供多样化的教学资源，如历史事件的再现、社会现象的模拟等，使得教学内容更加生动、具体。同时，VR技术还提供了丰富的交互方式，使学生在学习过程中能够更积极地参与，通过实践来加深对理论知识的理解。这种沉浸式的学习体验极大地提高了学生的学习兴趣，使他们能够更加直观地理解抽象的理论概念，并培养了他们的实践能力、创新能力和团队协作能力。借助VR技术，教师还可以根据学生的不同需求和学习能力提供个性化的教学内容和方法，从而更好地满足学生的需求，进一步提高教学效果。综上所述，VR技术应用于思政课教学，通过丰富教学内容和提高教学效果，为学生提供了更加全面、深入和有趣的学习体验，推动了思政教育的进一步发展。

4.大大提升学生的学习兴趣

通过VR技术，思政课能够打破传统教学的束缚，将抽象的理论知识转化为生动、具体的虚拟场景，使学生在沉浸式的环境中亲身体验学习内容。这种新颖的教学方式极大地吸引了学生的注意力，让他们在学习过程中能够感受到乐趣和刺激，从而更加主动地参与到思政课的学习中来。同时，VR技术还提供了丰富的交互方式，使学生能够与虚拟环境中的对象进行互动，进一步增强了学习的趣味性和参与度。

5.充分调动学生的主观能动性

在信息化和数字化日益普及的今天，学生们自幼便与互联网为伴，对新兴技术和新媒体展现出了一种与生俱来的亲近感。运用虚拟现实（VR）技术来学习新知识，不仅顺应了学生的学习心理，而且能够显著提升学习成效。VR技术借助其创新性和独特视角，将抽象的理论知识转化为直观的场景体验，为思政课程注入了新的生命力。这种教学方法与时代发展的需求相契合，能够将复杂的社会关系场景生动地呈现在学生面前，为思政课教学提供了有力的辅助工具。通过VR技术，学生能够沉浸式地体验思政课程所传达的理念和价值观，从而更加积极主动地学习和思考。VR体验不仅激发了学生的思维，还通过模拟虚拟情境，让学生的身体参与其中，实现了身心协同的学习效果。这种互动式学习方法有助于学生更深刻地理解和掌握知识，提高他们的学习体验和成效。同时，VR技术的融入也提升了学生的学习兴趣和动力，使得思政课的教学内容更加生动、形象，进一步增强了教学效果。

6.促进思政教育资源的均衡发展

VR技术的虚拟现实性打破了时空限制，使得足不出户便能完成实践教学任务成为可能。相较于以往需要长途跋涉、跨区域进行的实践教学形式，VR课堂形式对学生可控性更有保障，不仅避免了意外事件的发生，降低了危险系数，还时刻坚持以人为本的教育理念。

通过VR技术，不同高校、不同区域的教学资源可以实现共享，进而实现协同发展，共建和谐的高校思政课教学环境。这种共享不仅有助于提升教学质量，还能让更多学生受益于优质的教学资源，无论他们身处何地，都能接受到高质量的思政教育。

第七章　大中小学思政课一体化的资源运用

（二）VR技术应用于大中小学思政课一体化建设的困境

VR技术应用于大中小学思政课一体化建设，虽然带来了诸多创新与优势，但在实际推进过程中也面临着一些困境。

1.技术普及与成本问题

尽管VR技术在近年来取得了显著进步，但其高昂的硬件成本和软件开发费用仍然限制了其在大中小学中的广泛应用。对于许多学校，尤其是经济欠发达地区和农村地区的学校来说，购买和维护VR设备是一笔不小的开支。此外，VR技术的普及还需要相关技术人员的支持和维护，这也增加了学校的运营负担。

2.教学资源开发与整合难度

当前，思政课专用的VR教学资源稀缺且质量不一成为制约其广泛应用的瓶颈。学校若欲满足个性化教学需求，往往需自行投入巨资开发或定制VR资源，这要求学校不仅具备雄厚的资金实力，还需组建跨学科的技术与教育团队。此外，思政课内容的多样性和复杂性，使得如何将这些内容精准融入VR教学资源，构建出既系统又连贯的教学体系，成为亟待攻克的难题。

3.教学内容与形式的融合

VR技术虽然能够提供沉浸式的学习体验，但如何将其与思政课的教学内容和形式有效融合，仍是一个需要探索的问题。思政课注重理论知识的传授和价值观的引导，而VR技术更擅长于提供直观、生动的视觉体验。如何将两者有机结合，使学生在享受沉浸式学习体验的同时也能够深入理解思政课的核心内容和精神实质，是一个需要深入研究的课题。此外，VR教学资源的开发还需要考虑到不同学段学生的认知特点和学习能力，以确保教学内容的针对性和有效性。

4.学生自律与学习效果评估

由于VR教学具有高度的互动性和沉浸性，学生容易沉迷于虚拟世界而忽略现实的学习任务。因此，如何培养学生的自律性，确保他们在VR教学环境中能够保持专注和高效的学习状态，是一个需要关注的问题。同时，传统的考试和测验方式可能无法全面评估学生在VR教学中的学习效果和能力提升情况。因此，需要探索新的评估方式和标准，以更准确地反映学生的学习成果和能力水平。

5.区域差异与均衡发展

我国不同地区经济发展水平、教育资源分布和师资力量存在较大差异，这导致VR技术在不同地区的普及程度和应用效果存在显著差异。如何在保障发达地区学校VR技术应用水平的同时推动欠发达地区学校VR技术的发展和应用，实现教育资源的均衡化发展，是一个需要长期努力的过程。

三、VR资源在大中小学思政课一体化建设中的运用途径

（一）提升学生运用VR教学资源学习的能力

在利用VR技术丰富思政课堂的教学实践中，教师的核心教学目标是通过学生在虚拟环境中的沉浸式体验来构建知识体系。为此，学生需成为学习过程的主体，积极投入，自主探索，并与教师及同伴有效互动，以实现知识深化与能力提升的双重目标。

1.课前准备与自主预习

课前，学生需在教师引导下，首先确认VR设备及配套软件的完备性，确保技术条件满足学习需求。同时，学生应主动学习VR课堂的使用指南，了解操作规范与安全事项，结合预习任务单，自主搜集相关资料，为课堂深入探索做好充分准备。通过这样的准备过程可以培养学生的自主学习能力，为他们后续在VR环境中的有效学习奠定基础。

2.课中体验与互动探究

在VR思政课堂上，学生应主动扮演学习主角，跟随系统指引或教师设计，深入VR场景，完成多样化任务，如路径选择、角色扮演等，以此加深对课程内容的理解。学生需遵守课堂纪律，保持专注，同时鼓励自我反思，形成独特见解。此外，积极参与课堂互动，如提问、解答、小组合作等，这样有助于促进思维碰撞，培养批判性思维与团队协作能力。

3. 课后反馈与个性化学习

课后,学生应及时向教师反馈学习体验,提出改进建议,同时回顾课程内容,巩固新知。教师则可利用VR技术的个性化资源推送功能,根据学生的学习风格与需求,定制专属学习计划,助力学生实现高效、精准的复习与提升。这一环节不仅能促进教学相长,还能确保每位学生都能在适合自己的节奏下深化学习。

4. 小组合作与高效协作

在VR思政课程中,学生需明确团队目标,通过有效沟通协调各自任务,确保分工合理、协作顺畅。在合作过程中,学生应相互支持,共同解决问题,营造积极向上的团队氛围。定期的团队反馈与总结会议有助于及时发现并改进合作中的问题,不断提升团队效能,同时也能促进学生沟通、协作与问题解决能力的全面发展。

(二)提升教师设计和运用VR教学资源的能力

1. 更新思政教师的教学理念

(1) 普及VR技术在思政教育中的认知与应用

为加速VR技术在大中小学思政课堂中的普及与应用,首要任务是加大对VR技术教育价值的宣传力度。通过组织系统化的VR技术工作坊、体验日及专题研讨会,邀请一线教师亲身体验VR教学的魅力,直观感受其在增强学习互动性、提升知识吸收效率方面的独特优势。同时,利用教育论坛、网络平台等渠道,广泛分享国内外VR思政教学的成功案例与研究成果,激发教师们对新技术应用的探索热情与好奇心。此举旨在构建一个全员参与、共同探索的VR思政教育生态,让VR技术成为推动思政教育改革创新的重要力量。

(2) 构建VR技术支持体系与资源平台

为确保思政教师能够无后顾之忧地运用VR技术,学校应构建全方位的技术支持体系。这包括提供定制化的VR技术培训方案,涵盖硬件操作、软件应用及教学设计等多个维度,确保每位教师都能熟练掌握VR教学工具。此外,学校还应积极搭建VR教育资源库,整合高质量的虚拟实验、模拟场景、互动课程等，为教师提供丰富多样的教学素材与灵感来源。通过建立这样的资源平台，不仅能够减轻教师备课负担，还能促进VR教学资源的共享与交流，推动VR思政教育的持续发展与创新。

2.提升思政教师应用VR技术的技能

（1）深化VR技术在思政教学中的融合与应用

思政教师在掌握VR技术基础之后应致力于深化其在教育领域的认知与实践，通过主动参与VR思政教学的前沿研究，聚焦于教学理念的革新、教学资源的创意设计与开发以及教学模式的创新探索。这一过程不仅要求教师们深入理解VR如何重塑学习体验，还需不断探索其在增强教学互动性、提升学习沉浸感方面的潜力。同时，强化跨学科合作，与VR技术专家及教育界同仁紧密配合，共同研发出更加贴合思政课需求、富有教育意义的VR教学资源与解决方案，是推动VR技术在思政教育中深度应用的关键。

（2）创新VR思政课的教学模式与活动设计

为了充分发挥VR技术的优势，思政教师应勇于突破传统框架，创造性地设计基于VR技术的教学形式与活动。可以根据思政课程的核心内容，精心策划一系列沉浸式VR学习体验，让学生能够在虚拟环境中亲身体验历史事件、感受领袖风采、直面社会现实，从而深化对理论知识的理解和情感共鸣。例如，通过VR技术再现革命历史场景，让学生"亲历"历史时刻，增强民族自豪感和责任感；或是构建社会现实问题的虚拟场景，引导学生在虚拟空间中探索解决方案，培养其社会责任感和批判性思维。在设计VR教学活动时要注重场景的真实性与对细节的刻画，确保学生能够获得既丰富又深刻的学习体验，进一步激发其学习热情和探索精神。

（3）持续改进和优化

在课程结束后，教师应结合评测结果对VR教学进行反思和总结，分析存在的问题和不足之处，并提出相应的改进措施和建议。同时，思政教学团队也应及时开展专题讨论交流会，让任课教师、旁听教师和参与学生根据VR体验表达看法，从而检验利用VR技术开展思政课的课堂教学效果。如果存在技术问题或教学设计难点等疑惑点，也需要及时反馈给专业技术人员或教学团队，让他们及时进行维护更新和教学优化。通过这样的持续改进和优化过程，教师可以不断提升自己对VR技术的应用能力和教学水平，为学生提供更加优质、高效的思政课教学服务。

（三）深化大中小学思政课一体化VR教学资源的协同开发策略

鉴于大中小学思政课一体化VR教学资源的开发面临高难度、高素养要求及长周期、高成本等挑战，我们需采取一系列策略以强化开发能力与提高效率。这主要包括构建校际资源共建共享生态与组建多元化资源开发团队两大方面。

1.构建校际VR思政课教学资源共建共享生态

第一，推动建立跨校际的VR思政课教学资源共建共享机制，通过构建在线协作平台或定期举办校际交流活动，促进资源的集中整合与高效利用。设立专门的VR思政课教学资源库，鼓励各校师生贡献资源，并加强知识产权保护，确保资源合法合规共享。

第二，设立奖励机制，表彰在资源共享中表现突出的学校和个人，激发参与热情。同时，将优质VR教学资源推广至更广泛的平台，如学校官网、社交媒体、在线教育平台等，扩大影响力，惠及更多师生。

第三，制定VR教学资源开发的标准规范，涵盖技术、教学、版权等多方面，确保资源质量。为教师提供VR教学资源开发与使用的专业培训，提升其技术能力和教学水平。同时，加强对学生使用VR设备和软件的指导，确保教学顺利进行。

2.组建多元化VR教学资源开发团队

第一，教师和学科教育专家作为教学设计的核心，需深度参与VR教学资源的开发过程，确保资源内容符合学科要求，有效传达知识。教师应与技术团队紧密合作，共同制定教学方案，优化资源设计。

第二，引入VR技术公司和技术开发人员，为资源开发提供强有力的技术支持。技术团队需具备丰富的VR开发经验，能够高效实现教师的教学设计，同时注重资源的视觉与交互设计，提升用户体验。

第三，将学生纳入资源开发团队，使他们作为体验用户提供宝贵反馈。通过学生测试和使用，不断优化VR教学资源，确保其满足学生实际需求。学生的参与不仅能提升资源的实用性，还能培养其创新思维和批判性思考能力。

各主体间需建立紧密的沟通机制,确保信息畅通无阻。通过定期会议、在线协作等方式,共同解决开发过程中遇到的问题,推动项目顺利进行。同时,注重团队文化的建设,营造积极向上的工作氛围,激发团队成员的创造力和工作热情。

第四节　大中小学思政课数字化教学资源库的建设与运用

一、思政课数字化教学资源库概述

(一)数字化教学资源库的内涵

1.数字化教学资源库的定义

数字化教学资源库是指将传统的教学资源,如教材、案例、影视资料、图片、课件等,经过数字化处理后,存储在特定的信息平台上,供教师、学生及教育工作者通过计算机或互联网访问和利用的一种资源共享体系。这一体系不仅包含了静态的教学材料,还涵盖了动态的教学互动、个性化学习支持等功能,是现代信息技术与教育教学深度融合的产物。

2.数字化教学资源库的核心要素

数字化教学资源库的核心要素涉及以下方面:

第一,资源数字化。数字化是资源库建设的基础,通过将传统教学资源转化为数字格式,如文本、图片、音频、视频等,可以实现资源的存储、传输与共享。这一过程不仅保留了原有资源的价值,还赋予了其新的生命力,

第七章　大中小学思政课一体化的资源运用

使教学资源得以跨越时空限制,服务于更广泛的学习群体。

第二,系统化整合。资源库不仅仅是一个简单的资源存储仓库,更重要的是通过系统化的整合,将零散的教学资源按照一定的逻辑关系和分类标准组织起来,形成结构清晰、易于检索的资源体系。这种整合有助于提升资源的使用效率,促进资源的深度开发与利用。

第三,共享与管理。数字化教学资源库的核心价值在于资源共享。通过构建开放、协同的平台机制,可以实现教学资源的广泛共享与快速传播。同时,资源库还需要配备完善的管理系统,对资源的上传、审核、发布、更新、维护等环节进行全程管理,确保资源的质量与安全。

3.数字化教学资源库的特征

(1)技术集成性与先进性

数字化教学资源库是先进信息技术的集成体,它融合了大数据、云计算、人工智能等现代技术手段,能够确保资源的高效存储、快速检索与智能推荐。技术的先进性使得资源库能够不断适应教育发展的需求,提供更为便捷、个性化的服务。

(2)资源多样性与丰富性

资源库中的教学资源种类繁多,形式多样,包括文本、图片、音频、视频、动画、虚拟仿真等,满足了不同学科、不同年级、不同学习风格的需求。资源的丰富性保证了教学内容的全面性和深入性,有助于提升教学质量和学习效果。

(3)系统性与结构化

数字化教学资源库不是简单的资源堆砌,而是经过系统化的整合与结构化的设计。资源按照一定的分类标准、逻辑关系和教育目标进行组织,形成清晰、有序的资源体系。这种系统性与结构化使得资源更易于被师生检索、利用和再创造。

(4)共享性与开放性

资源库的核心价值在于资源共享。它打破了传统教学资源的时空限制,使得优质教学资源能够广泛传播、共享利用。同时,资源库具有开放性,鼓励师生上传、分享自己的教学资源和教学成果,促进知识的交流与创新。

(5) 互动性与协作性

数字化教学资源库不仅支持单向的资源获取，还支持师生之间的互动与协作。通过在线讨论、作业提交、评价反馈等功能，可以实现教学过程的即时互动与深度参与。这种互动性与协作性有助于激发学生的学习兴趣和积极性，促进知识的内化与应用。

(6) 可更新性与可持续性

教育资源是动态发展的，数字化教学资源库也需要不断更新与优化以适应时代的变化和教育的需求。资源库具有可更新性，能够定期添加新的教学资源、更新旧资源、修复错误等。同时，它还注重可持续性发展，关注资源的长期保存与利用价值。

（二）思政课数字化教学资源库

思政课数字化教学资源库是指集成了丰富多样的数字化教学材料和工具，专门服务于思想政治教育的在线资源集合。它对于提高教学效率、增强学生的学习体验、促进教学方法创新具有重要意义。常见的思政课数字化教学资源库有以下几种类型。

1.校内资源库

校内资源库是由校内思政课教师根据实际教学需求自主开发、收集并整理的教学资源集合，涵盖课件、教案、试题等多种教学资源，用以提高教学效率。校内资源库的建设是一个动态的过程，教师们在教研组内部进行资源的共享与共建，不断更新和完善资源库的内容，以确保其与教学需求的紧密贴合。通过校内资源库的应用，教师们可以更加便捷地获取所需的教学资源，提高备课效率，从而更好地帮助学生理解和掌握思政课的知识点。

2.校外资源库

校外资源库是学校相关部门通过市场购买获得的思政课教学资源集合，其具有数量庞大、种类多样等优势，涵盖广泛的教学主题和知识点。思政课教师可以根据教学需求选择适合的教学资源，以丰富教学内容和方式。校外资源库的建设为学校提供了更加广泛的教学资源选择，有助于教师们拓宽教学视野，引入更多元化的教学元素，从而激发学生的学习兴趣和积极性。当然，校外资源库也为教师们提供了与同行交流、分享教学经验的平台，有助于促进教学质量的提升。

3.课程资源库

课程资源库是汇集了所有有利于思政课课程设计、实施和评价的教学资源的集合，包括数字化课件、教案、电子版参考书及试题、教学视频等多种资源形式，为教师提供了全面的教学支持。课程资源库的建设注重资源的系统性和完整性，能够帮助教师们更好地进行课程设计和实施。通过课程资源库的应用，教师们可以更加便捷地获取所需的教学资源，提高备课效率，同时也可以根据学生的学习情况和反馈对教学资源进行调整和优化，以更好地满足教学需求。

4.时政资源库

时政资源库是专注于收集时下与教学过程相关的重大国际、国内事件资料的资源库。时政资源库是思想政治学科特有的资源类型，对于落实教学内容、培养学生学科核心素养具有重要作用。时政资源库的建设注重时效性和针对性，能够帮助教师们及时了解和掌握最新的时政动态，并将其融入教学过程中。通过时政资源库的应用，教师们可以引导学生关注社会热点问题，培养他们的时政意识和素养，同时也可以提高学生对思政课的兴趣和参与度。

5.图片资源库

图片资源库是收录了有利于高中思想政治学科教学过程实施、提高教学效率的图片资源的集合。图片资源库中的图片资源涵盖了广泛的教学主题和知识点，以直观、形象的方式呈现了抽象的教学内容。通过图片资源库的应用，教师们可以更加生动地展示教学内容，帮助学生更好地理解和掌握知识点。同时，图片资源库也为教师们提供了丰富的教学素材和参考，有助于他们创新教学方式和方法，提高教学效果。

6.视频资源库

视频资源库与图片资源库类似，是收录了有利于思政课教学的视频资源的集合。视频资源库中的视频资源包括教学讲解、案例分析、历史回顾等多种形式，为学生提供了更加生动、形象的教学内容。通过视频资源库的应用，教师们可以引导学生通过观看视频深入了解知识点，提高他们的学习兴趣和积极性。同时，视频资源库也为教师们提供了丰富的教学案例和参考，有助于他们更好地进行课程设计和实施。

7. 文字资源库

文字资源库是主要收录以文字形式呈现的教学资源的集合，如数字化课件、教案、教学文章等。文字资源库中的资源以文字为主要呈现方式，涵盖了广泛的教学主题和知识点。通过文字资源库的应用，教师们可以获取丰富的教学素材和参考，帮助他们更好地进行课程设计和实施。同时，文字资源库也为学生们提供了自主学习的平台，他们可以通过阅读相关教学文章和资料深入了解思政课的知识点，从而提高自己的学习效果和素养。

二、大中小学思政课数字化教学资源库建设的思路与理念

2022年7月，教育部等十部门印发了《全面推进"大思政课"建设的工作方案》的通知，明确提出"坚持开门办思政课，强化问题意识、突出实践导向，充分调动全社会力量和资源，建设'大课堂'、搭建'大平台'、建好'大师资'"等要求，运用现代信息技术，创新建设思路和理念，将鲜活生动的社会实践和红色文化资源转化为"大思政课"数字化教学资源，贯通思政小课堂和社会大课堂，提升思政课教学的亲和力和针对性。

（一）思政课数字化教学资源库建设的总体思路

首先，要进行整体布局和系统性规划，确保资源库建设的有序推进。这包括制定明确的建设目标、任务和时间表以及确立资源库建设的组织架构和管理机制。其次，要打破大中小学之间的壁垒，整合各学段的优质思政教育资源，实现资源的共建共享。通过鼓励多主体参与，如教师、学生、专家和社会机构等，共同为资源库建设贡献力量，形成开放合作的良好氛围。

第七章　大中小学思政课一体化的资源运用

在数字化教学资源库的建设过程中，应运用先进的数字智能技术，如大数据、云计算、人工智能等，提升资源库的智能化水平，为用户提供更加便捷、高效的资源检索、下载和使用服务。同时，搭建功能完善的数字化教学平台，实现资源的无缝对接和共享，促进教师之间的在线交流和互动，进一步提升教学效果。

（二）大中小学思政课数字化教学资源库建设的基本理念

1.赋能教学、育人为本、引领成长

在这一理念的引领下，数字化教学资源库的建设应紧密围绕教学需求进行，通过先进的技术手段为教学赋能，提升教学效果。资源库的建设应始终坚持以育人为本，注重培养学生的综合素质和健康成长。通过数字化教学资源的引入，思政课堂可以有效克服传统教学中的枯燥乏味、吸引力不强等短板，变得更加生动有趣，从而有效调动学生的情绪，增强其代入感。这样的教学方式不仅能深入通透、活泼灵动地讲解思政课的道理，还能有效回应学生的困惑，引领他们健康成长。

2.产教融合、科教融汇、协同创新

这一理念深刻认识到思政课教师与教育科技公司各自的优势与不足，并强调双方的合作与协同创新。思政课教师虽深入了解了教学需求，但在数字化资源的开发、应用及如何有效赋能教学方面可能存在能力不足的问题；而教育科技公司虽然精通技术，但对教育内容和教学流程的优化思考可能不够深入。因此，双方需要协同攻关，共同推进数字化教学资源的建设与应用，实现技术与教育的深度融合。这种产教融合、科教融汇的合作模式不仅有助于提升数字化教学资源的质量，还能推动思政课的创新与发展。

3.系统推进、边建边用、共建共享

这一理念强调数字化教学资源库建设的系统性和分步推进的重要性。在建设过程中，应边建设边使用，持续改进，确保资源的实用性和有效性。同时，倡导协同共建和资源共享，通过数字马院等网络资源平台，实现资源的放大、叠加和倍增效应。创新共享机制，畅通资源"物流"，驱动智慧思政的变革创新，为思政课的高质量发展注入新动能。这种系统推进、共建共享

的策略不仅有助于提升数字化教学资源库的建设效率，还能确保资源的广泛覆盖和有效利用。

三、大中小学思政课数字化教学资源库建设的内容与特征

（一）大中小学思政课数字化教学资源库建设的内容体系分析

推进大中小学思政课数字化教学资源建设的首要任务是明确数字化资源的内容体系及其质量标准和特征。这一内容体系不仅关乎"建什么"和"如何建"，也关乎数字化教学资源建设的成果呈现。通过围绕立德树人宗旨、服务各门课程教学和突出各学校自身特色资源三点，可以构建出大中小学思政课数字化教学资源的内容体系。

1.围绕立德树人宗旨建设数字化教学资源库

立德树人是教育的根本任务，也是思政课的核心使命。在数字化教学资源建设中，应围绕这一宗旨，将百年党史育人、中华优秀传统文化、改革创新的时代精神、红色文化资源、工匠劳模精神等育人素材融入其中。通过借助VR、AR、MR、元宇宙等人工智能技术，这些素材可以以可视化、网络化、智能化的方式呈现，从而提升思政课教学的针对性和实效性。这样的数字化教学资源能够让学生深刻理解中华民族的根和魂，真切感悟马克思主义的理论逻辑和实践逻辑，从而坚定听党话、跟党走的信仰。

2.服务各门课程教学建设数字化教学资源

数字化教学资源应当服务于教学活动，并受到教学需求的引导。在将思政课程与信息技术手段相结合的过程中，必须确保这些资源不仅仅是表面的装饰或无实际用途的噱头，而是真正能够辅助课程教学目标的实现。因此，数字化教学资源的开发应聚焦于思政课程教学的核心内容和难点，利用虚拟仿真实训中心、智慧教室等先进硬件设施，创造体验式和沉浸式的教学环境。这样的环境有助于学生深入理解中国化的马克思主义理论、思想道德

第七章 大中小学思政课一体化的资源运用

与法治知识，以及这些知识背后的理论逻辑、实践逻辑和价值情感，从而有效地解决教学中的重点和难点问题，并推动知识、情感、意志和行动的和谐统一。

3. 突出自身资源禀赋建设数字化教学资源

在推进大中小学思政课程资源的构建过程中，需同时顾及通用资源构建的普遍特性与各校特定的需求。教育部已经汇聚专家力量制定了教学指南、准备了示范课件，并挑选了优质在线开放课程，打造了国家智慧教育平台等统一的备课资源库。鉴于大中小学的教学对象存在显著差异，学校教育的类型、地理位置以及历史背景和资源状况也各有特色。因此，在数字化教学资源构建方面，各地大中小学校应依托自身的资源优势，打造富有地方色彩和学校特色的教学资源。例如，广东省的大中小学校可以依托粤港澳大湾区的发展、港珠澳大桥等重大项目，挖掘以改革创新为核心的时代精神等红色教育资源；四川省的大中小学校可以利用"红军长征"在本省的历史，构建具有地方特色的教育资源；江西省的大中小学校可以围绕井冈山、南昌起义等重要历史节点，开发具有地方特色的教育资源。这些具有地方特色的教育资源将有助于推动智慧思政课堂的创新与变革，并能够更好地适应不同地区、不同类型的学校教学需求。

（二）大中小学思政课数字化教学资源的基本特征

在当今信息化、智能化的时代背景下，大中小学思政课的数字化教学资源库建设显得尤为重要。为了有效把握思政课数字化教学资源库的质量标准，必须深刻理解其基本特征，这是解决"建什么"和"如何建"的关键环节。这里将系统分析大中小学思政课数字化教学资源库的功能特征、技术特征和样态特征，以期为资源建设提供明确路径。

1. 功能特征

思政课的核心目标是立德树人，引导学生科学认识和处理复杂多变的知识信息，帮助他们辨识对错，确立正确的思想定位和价值取向。在数字化教学资源库中，这一功能特征被赋予了新的时代内涵和技术支撑。数字化教学资源运用各种先进的人工智能技术，如VR、AR、MR等，将富有思想性、理论性和经典性的红色文化、生动的社会现实等内容，以直观全息、沉浸式体验等方式呈现。这种呈现方式不仅提升了教学的参与感和影响力，更直击学生心灵深处，有效地实现了知识传授与价值引领的和谐统一。通过这样的教学资源，我们可以培养青年学生"请党放心、强国有我"的奋斗精神，塑造新时代的优秀青年。

2.技术特征

在人工智能社会中，思政课教学的创新路径和发展范式受到了技术化的赋能和规约。传统的"PPT+音频+视频"的教学模式已经难以满足现代教学的需求，而数字化教学资源则借助人工智能技术和网络技术，通过"云、台、端"的联动，为学生提供了"远程在场""虚拟在场""实景在场"的不同样态。这种技术特征不仅推动了教学空间向网络空间的拓展，还向社会生活场域延伸，让学生不出校门而知世界。同时，数字化教学资源还要与智慧教室、虚拟仿真教学中心等信息化教学场景相适配，满足移动的学习需求和技术驱动、数字赋能的发展需求。通过这样的技术特征，我们可以实现资源链、课程链、教学链、育人链的耦合嵌入，为思政课的教学提供强有力的技术支撑。

3.样态特征

思政课数字化教学资源建设的目的是为课程教学服务，更好地完成教学目标。因此，其样态特征表现为"颗粒积件"和"功能组件"。

"颗粒积件"是指以文本、图像、动画、音频、视频、虚拟仿真等形式存在的数字化资源。这些资源能够像颗粒、积木件一样方便快捷地嵌入课堂教学中，实现数字化资源零时差异互联、虚拟仿真场景的实时转换。通过这种颗粒化的积件资源，可以营造沉浸式教学环境，增强学习的现场感、代入感和互动性。

所谓的"功能组件"，指的是这些细粒度的积件资源能够依据多样化的课程内容和资源功能进行有序的整合，从而构建出结构多样、功能独特的资源组件。这些组件使得资源能够从细粒度的积件状态转变为功能丰富的组件，进而能够系统地整合成在线开放课程、精品资源共享课程或课程思政资源平台。借助这些功能组件，能够满足各种课程的教学需求，实现资源的灵活配置和高效运用。

四、大中小学思政课数字化教学资源库的运用

（一）构建高质量一体化资源库

运用先进的数字智能技术，可以有效打破信息壁垒，建立起一个跨学校（部门）协作、教学资源共享的高质量一体化思政课教学资源库。这个资源库将成为"大思政课"教学资源集中管理和优化整合的大平台，让数据"跑"起来、内容"新"起来、课堂"活"起来。同时，资源库还注重纳入更多鲜活的实践素材，如音频、图片、视频、微课、图文、问答、公开课、文档等，聚焦实践、讲述实践，以满足不同场景下的教学需求。

（二）支持个性化教学

通过数字化教学资源库，教师可以收集不同学习阶段的学生的学习信息，掌握更全面的情况，从而因材施教。此外，教师还可以为不同班级青年学生提供个性化的教学方案，在关注学生的认知规律和情感行为的同时不断创新课程内容。

数字化教学资源库支持对学生群体的情感信念和行为倾向等方面展开实证研究，运用大数据技术进行定量测定和量化处理，为教师提供精准的学生评估报告。教师可以根据评估结果及时调整教学方法，实现教学相长。

（三）创新教学模式

数字化教学资源库为教师提供了设计情景化课堂的可能，教师可以灵活导入信息资源，重点讲解抽象概念，帮助解决课堂困惑、设置针对性问题，激活学生主体思维。教师可以借助虚拟技术，如"教育元宇宙"课堂等，为学生提供更加沉浸式的学习体验，这些虚拟教学平台不仅丰富了教学手段，还拓展了学生的学习空间。

（四）促进教师交流与学习

数字化教学资源库为教师群体提供了广泛的交流平台，教师得以在数据库中检索诸多优质课程资源，从而促进教师间的相互交流与学习，共同提高教学能力。资源库内汇集了众多教学案例及示范性教学素材，为教师提供了丰富的教学参考资料和灵感源泉。教师可借鉴这些案例与素材，不断革新自身的教学策略和方法。

（五）提高教学评价的科学性和有效性

数字化教学资源库实现了教学评价的信息化处理与系统化管理，坚持采用定性与定量评价相结合的方式，从而更全面、精确地反映了学生的学习状况及思想政治教育的成效。借助大数据技术，教师能够对学生的学习过程进行实时监控与分析，及时识别学生在思想政治学习方面的难题与缺陷，并据此采取适当的调整与改进措施。

第五节　大中小学思政课一体化建设中红色资源的运用

一、红色资源的内涵与特征

（一）红色资源的内涵

"红色"这一词汇，其本源指代的是一种鲜艳如鲜血的色彩，在中

第七章　大中小学思政课一体化的资源运用

国深厚的文化土壤中，它更承载了喜庆、正统与广泛认同的寓意。自古以来，中国人民对红色怀有深厚的情感寄托，将其融入日常生活的方方面面，如婚姻中的"红线""红盖头""红花"以及节庆时分的"红灯笼""红蜡烛"，无不彰显着红色的独特魅力与象征意义。时至今日，"红色"依旧是中国人心目中的挚爱之色，它象征着好运（"走红运""红人"）、成功的起点（"开门红"）、荣誉的彰显（"红榜"）以及经济利益的丰厚（"红利"）。

当历史的车轮驶入近代，特别是随着法国大革命的烽火燃起，"红色"首次与革命紧密相连，随后在俄国十月革命中，"红区""红军"及"红旗"的涌现，更是赋予了红色以深刻的政治意涵，使之与革命、军队、无产阶级、中国共产党及社会主义等概念紧密相连。对于无产阶级而言，红色不仅是色彩，更是革命信仰与斗争精神的象征。马克思与毛泽东等革命领袖对红色的偏爱，进一步强化了这一色彩的政治与文化价值。

在中国共产党的领导下，红色更成为一种独特的标识，从"工农红军"的组建到"红色区域"的开辟，从新民主主义革命的"红色革命"到"红色革命道路"的探索，红色资源在这一过程中不断积累与丰富。中华人民共和国成立后，红色更是成为国旗、国徽的底色，象征着中国共产党的领导与社会主义事业的蓬勃发展。习近平强调，"红色是中国共产党、中华人民共和国最鲜亮的底色"，这一论述深刻揭示了红色资源的政治性、意识形态性及其在国家发展中的重要地位。

基于前面关于"资源"的理解，红色资源无疑具有多重价值。在学术界，自谭冬发与吴小斌于2002年首次提出"红色资源"概念以来，关于其内涵的探讨便持续深入，尽管在创造主体、时间跨度及内容形态等方面存在不同见解，但一个共识逐渐清晰：红色资源是中国共产党领导中国人民在革命、建设、改革伟大实践中共同创造的宝贵财富，涵盖了精神资源、制度资源及其物质载体，这些资源经过挖掘、运用与转化，能够展现出其独特的当代价值，能为新时代的发展提供强大的精神动力与思想支撑。

（二）红色资源的特征

1.意识形态性

事物是由复杂多样的矛盾交织而成的，而决定其本质属性的正是那些居于主导地位的主要矛盾及其主要方面。在红色资源的语境下，其意识形态性正是这一本质属性的集中体现，使红色资源在众多资源中独树一帜，具有鲜明的辨识度。

从历史脉络来看，红色资源的诞生与发展是中国共产党与中国人民在波澜壮阔的革命、建设和改革征程中共同铸就的。这一过程不仅深刻烙印了无产阶级意识形态的本质特征，还鲜明体现了社会主义的基本价值取向。红色资源如同一部厚重的历史长卷，真实记录了党和人民为实现民族独立、人民解放和国家富强、人民幸福所付出的巨大努力和牺牲，展现了中国共产党与人民群众同呼吸、共命运、心连心的深厚情谊以及共同追求的理想信念和价值目标。

从内容构成与功能作用来看，红色资源作为意识形态的载体，具有鲜明的阶级属性和价值导向。它代表了无产阶级及其政党的利益和要求，是维护阶级统治、推动社会进步的重要思想武器。红色资源通过生动具体的历史事件和人物形象，展现了人民群众在党的领导下，为争取自身解放和幸福生活而进行的英勇斗争，弘扬了爱党、爱国、爱社会主义的崇高精神。这些资源不仅是对历史的忠实记录，更是对现实的有力支撑，它们从历史的角度证明了中国共产党领导的正确性和历史必然性，增强了人民群众对党的信任和拥护，巩固了党的执政基础。

此外，红色资源还具有重要的教育意义和启示作用。它启示我们，只有坚持党的领导，坚定理想信念，才能不断克服前进道路上的困难和挑战，实现中华民族的伟大复兴。同时，红色资源也提醒我们，要珍惜来之不易的幸福生活，不忘初心、牢记使命，继续发扬革命传统和优良作风，为实现人民对美好生活的向往而不懈奋斗。

2.发展开放性

红色资源作为中国共产党领导中国人民在革命、建设和改革实践中共同创造的宝贵财富，其形成与发展深受当时社会历史条件的影响，同时又超越

第七章　大中小学思政课一体化的资源运用

了时代的局限，展现出了强大的生命力和适应性。

红色资源的时间跨度涵盖了从革命到建设再到改革的各个历史时期，这本身就体现了其发展的连续性和开放性。在每个不同的历史阶段，红色资源都随着时代的变化而不断丰富和完善，既保留了原有的精神内核和价值追求，又融入了新的思想、内容和载体，使其更加符合时代发展的需要。

红色资源能够不断吸取新的时代精髓，与时代发展进程相协调。在马克思主义的指导下，中国共产党和人民在革命与建设的实践中不断探索、勇于创新，形成了具有鲜明时代特色的红色资源。这些资源不仅是对历史的忠实记录，更是对现实的深刻反映和对未来发展的有力指引。

红色资源能够积极回应时代问题，为时代发展提供科学的思想武器和行动指南。在不同的历史时期，红色资源都以其独特的方式回答了时代提出的重大课题，为党和人民的事业提供了强大的精神动力和智力支持。

在改革开放的进程中，红色资源不仅没有被时代所淘汰，反而在新的历史条件下焕发出了更加绚丽的光彩。通过深入挖掘和整理红色资源，我们不仅可以更好地传承和弘扬革命精神，还可以为新时代的中国特色社会主义事业提供有益的借鉴和启示。

3.独特性

红色资源作为中国独有的宝贵财富，其显著特性之一便是其鲜明的民族性，这一特征深刻区分了它与其他国家革命资源的异同。中国的红色资源不仅承载着深厚的爱国主义情感，更在创造过程中将马克思主义理论与中国具体实际紧密结合，形成了独具中国特色的中华民族精神。这种精神在改革开放的各个历史阶段不断被赋予新的内涵，既坚守了民族之魂，又展现了强大的生命力和时代适应性。同时，红色资源还深深植根于中华优秀传统文化的沃土之中，居安思危的忧患意识、民本思想的深厚底蕴、忠义节烈的高尚情操以及整体主义的价值观念，均在红色资源中得到了传承与发扬。

红色资源的独特魅力还在于其实践性，这一特点源于其广泛的分布、多样的形态以及丰富的内涵。从物质形态的历史遗存、纪念场所到精神层面的革命精神、政治信仰，再到制度层面的政治、经济、文化制度，红色资源以其多层次的形态覆盖了社会生活的各个方面。尤其是那些跨越广阔地域、历经时间洗礼的红色遗迹，如长征途中的种种壮举，不仅展示了革命先烈的英勇事迹，更为后人提供了生动的历史课堂素材和深刻的信仰教育场所。

通过实地参观、亲身体验，人们能够直观感受到革命历史的厚重与伟大，深刻理解革命精神的内涵与价值。这种亲身体验的方式，使得红色资源不仅仅是一种教育资源，更是一种生动的社会实践，能够有效激发人们的爱国情感、民族自豪感和文化自信，促进个体在思想上的自我启迪与成长。因此，红色资源的独特性不仅在于其具有深厚底蕴，更在于其实践性的广泛应用与深远影响。

（三）红色资源的类型

1.精神资源层面

红色资源的核心价值体现在其所承载的革命精神与奋斗精神上，这些精神财富是中国共产党在长期革命斗争历程中逐渐塑造并不断充实的。它们涵盖了井冈山精神、长征精神、延安精神、红岩精神等多种形态，展现了共产党人坚定不移的理想信念、坚韧不拔的斗争意志以及全心全意为人民服务的高尚宗旨。这些精神不仅是取得中国革命胜利的关键，也是新时代鼓舞人们勇往直前的重要精神力量。

红色资源的继承与发扬，不仅承续了中华民族的优秀传统文化，还融合了党领导人民在革命、建设、改革各个历史阶段所孕育的革命文化和社会主义先进文化。在新的历史条件下，这些精神资源继续发挥着关键作用，成为中国特色社会主义文化的重要组成部分。它们不仅是过去革命胜利的精神支柱，也是当代中国在实现中华民族伟大复兴的道路上持续前进的精神动力。红色资源的传承与弘扬，在坚定文化自信、激发爱国情感、凝聚民族精神方面，具有不可替代的重要意义。

2.物质资源层面

红色资源的重要物质载体，以直观而具体的形式，生动地展示了革命历史的沧桑巨变和波澜壮阔。这些宝贵的物质资源，包括革命遗址、纪念馆、展览馆、博物馆、烈士陵园等，承载着中国共产党领导人民进行革命斗争的光辉历程，记录了无数革命先烈的英勇事迹和崇高精神。这些物质资源不仅是对历史的回顾和纪念，更是进行爱国主义教育、革命传统教育的重要场所和生动教材。

通过亲身参观这些革命遗址和纪念馆，人们可以直观地感受到革命先烈的英勇斗争精神和伟大情怀，深刻理解他们为了国家和民族的解放事业所付出的巨大牺牲。这些遗址和纪念馆仿佛是一扇扇时光之门，能让人们穿越回那个激情燃烧的岁月，感受到革命先烈坚定的理想信念和不屈不挠的斗争精神。通过这些生动的历史场景，人们可以更加真切地体会到今天的幸福生活的来之不易，从而更加珍惜和感恩。

同时，这些物质资源也是传承红色基因、弘扬革命精神的重要平台。它们不仅可以让参观者深入了解革命历史，更能激发人们的爱国情感，坚定走中国特色社会主义道路的决心。在这些红色教育基地，人们可以接受到深刻的思想洗礼，增强民族自豪感和历史使命感，从而在新时代的征程中继续发扬革命先烈的光荣传统，为实现中华民族伟大复兴的中国梦贡献自己的力量。

3.制度资源层面

红色资源涵盖了中国共产党在革命、建设及改革历程中所孕育的一系列制度性资源，这些资源不仅体现了党的执政理念、组织原则和工作方法，而且为国家治理和后续社会发展奠定了坚实的制度基础，并提供了宝贵的历史经验。例如，党的群众路线和民主集中制等制度原则，既是中国共产党在长期革命斗争中积累的宝贵经验，也是新时代加强党的建设、推进国家治理体系和治理能力现代化的关键指导原则。这些制度资源的形成与发展，不仅展现了中国共产党在不同历史阶段的执政理念和组织原则，也反映了党的工作方法和群众路线的实践应用。通过这些制度资源的继承与创新，能够更深入地理解中国共产党的历史与文化，为新时代国家治理和社会发展提供有益的参考和启示。

4.信息资源层面

红色资源蕴含着丰富的历史与文化信息，这些信息通过文字、影像、口述等多种形式得以保存和传播。它们包括革命历史文献、英雄事迹、文艺作品等多种类型，生动地再现了革命时期的艰苦岁月，展示了英雄人物的光辉形象，使人们能够更加直观地感受到那段波澜壮阔的历史。深入研究和充分利用这些信息资源，有助于人们全面和深入地了解革命历史和文化，从而更好地理解中国共产党的光辉历程和伟大成就。这不仅有助于增强人们对党的认同感和归属感，还能激发人们的爱国热情和奋斗精神。通过这种方式，人们可以更加自觉地投身到中国特色社会主义伟大事业中去，为实现中华民族伟大复兴的中国梦贡献自己的力量。

二、大中小学思政课一体化建设中红色资源的运用

（一）大中小学思政课一体化建设中红色资源运用的价值

1. 有利于增强大中小学思政课的协同育人效果

在思想政治教育的广阔生态系统中，实现红色资源的有效运用无疑为"一体化建设"注入了新的活力与动力，极大地促进了各子系统之间的协同与融合，进而优化了思政教育的整体效能。以下是对此观点的进一步阐述。

（1）强化子系统间的协同与衔接

红色资源作为连接历史与现实、理论与实践的桥梁，其有效运用能够显著增强教师、学生、教材、课程等系统要素之间的协同性。在"一体化建设"的背景下，这种协同不仅体现在思政课内部各要素之间的紧密配合上，还体现在不同学段之间的无缝对接上。通过了解前一学段红色资源的教学情况和学生认知水平，教师能够更精准地定位当前学段的教学起点，制定更具针对性的教学策略，同时也为后续学段的教学打下坚实基础，确保整个思政教育链条的连贯性和系统性。

（2）构建系统化的红色知识体系

红色资源蕴含着丰富的历史内涵、革命精神和时代价值，其有效运用有助于学生形成系统化的红色知识体系。在"一体化建设"的框架下，各学段之间对红色资源的运用呈现出一种循序渐进、紧密衔接的态势。这种一体化的运用方式，能够使学生在不断深化的学习过程中逐步构建起从感性认识到理性认识、从局部理解到整体把握的红色知识体系，从而更加全面、深刻地

第七章　大中小学思政课一体化的资源运用

理解红色资源的价值所在。

（3）提升红色资源的育人效果

红色资源的育人功能在于其能够激发学生的爱国情怀、培养正确的价值观、塑造健全的人格。在"一体化建设"的背景下，将红色资源有效融入思政课的各个阶段，能够实现育人效果的叠加与放大。一方面通过在大中小学不同学段持续、渐进地运用红色资源，可以使学生在长期的熏陶与感染中逐步将红色精神内化于心、外化于行；另一方面这种一体化的运用方式还能够有效避免教育资源的浪费和重复劳动，提高思政教育的整体效率和质量。

（4）促进家校社协同育人

在"一体化建设"的推动下，红色资源的有效运用还能够促进学校、家庭、社会三者之间的协同育人。学校作为思政教育的主阵地，应当积极挖掘和整合红色资源，为学生提供丰富的学习资源和实践活动；家庭则应当配合学校的教育工作，通过亲子阅读、参观红色遗址等方式，增强孩子的红色基因传承意识；社会则应当营造良好的红色文化氛围，为青少年提供更多的红色教育机会和平台。三者的协同配合，将形成一股强大的教育合力，共同推动红色资源育人目标的实现。

2.有利于丰富大中小学思政课的一体化教学内容

红色资源作为中国共产党与中国人民共同奋斗的结晶，不仅汇聚了丰富的精神、物质与制度资源，更蕴含着深厚的育人价值，为构建大中小学思政课在政治认同、国家意识及道德品质方面的一体化教学内容提供了坚实支撑。

（1）构筑政治认同的一体化教学基石

政治认同，源自个体对自我身份及所属政治体系的深刻认知与情感共鸣。红色资源，以其鲜明的意识形态属性，成为引导学生深刻理解"中国共产党为什么能""马克思主义为什么行""中国特色社会主义为什么好"的生动教材。通过红色资源的学习，学生能够增强对中国共产党领导的坚定信念，对社会主义制度的由衷认同，从而在心灵深处种下政治认同的种子，为成为合格的社会主义建设者和接班人奠定坚实的思想基础。

（2）强化国家意识的一体化教学纽带

国家意识，根植于对祖国历史、文化及现状的深刻理解与热爱之中。红色资源如同一部部鲜活的历史画卷，展现了中华民族在艰难困苦中不屈不挠、团结奋进的壮丽篇章。它不仅是国家记忆的传承载体，更是民族精神的集中体现。在大中小学思政课中融入红色资源，能够让学生身临其境地感受国家从"站起来"到"富起来"再到"强起来"的伟大历程，激发他们的爱国情感，增强他们的民族自豪感和责任感，从而更加牢固地树立国家意识。

（3）树立道德品质的一体化教学标杆

道德品质是衡量个人行为善恶、美丑的重要标准。红色资源中蕴含的无数革命先烈的崇高道德风范，如坚定的信仰、无私的奉献精神以及强烈的时代责任感，为学生们树立了光辉的道德榜样。在思政课教学中，通过深入挖掘和广泛传播这些红色故事，可以引导学生树立正确的道德观念，培养他们的道德判断力和道德实践能力。同时，这些道德榜样也为学生在日常生活中处理个人与社会关系提供了明确的道德指引，促进了他们道德品质的全面提升。

3.提供大中小学思政课的一体化教学场域空间

在"一体化建设"的战略框架下，有效运用红色资源成为打破教育壁垒、促进大中小学思政课深度融合的关键举措，为教学活动开辟了一体化的教学场域空间。

（1）课堂教学的一体化融合

在课堂教学层面，红色资源以其丰富的价值层次和多元的表现形式，为各学段思政课提供了鲜活的素材和深刻的教育内容。通过构建红色资源共建共享平台，促进大中小学教师之间的交流与合作，不仅加深了教师对彼此教学现状、红色资源运用情况及学生接受度的理解，还推动了教学资源的优化配置与高效利用。在此基础上，教师们能够精准定位各学段学生的认知特点和需求，灵活采用多样化的教学手段，如展示红色图片、讲述感人至深的红色故事、播放震撼人心的红色音视频等，使红色资源以更加生动、直观的方式呈现在学生面前，从而极大地增强教学的吸引力和感染力。这一过程能有效打破了各学段间的内容壁垒和方式壁垒，促进了课堂教学的一体化进程，共同向思政课的总体育人目标迈进。

（2）课外实践的一体化拓展

课外实践是红色资源教育的重要延伸和补充。利用红色资源形态的多样性，各学校可以积极挖掘和利用当地的红色文化资源，组织丰富多彩的红色

第七章 大中小学思政课一体化的资源运用

教学实践活动，如跨学段的"手拉手"联合活动、大中小学同上一堂红色教育课等。通过参观红色纪念馆、编演红色舞台剧、观看红色电影、开展主题党日或团日活动等，将红色教育从课堂延伸到课外，从理论走向实践。这些活动不仅能让学生亲身体验革命历史的厚重与伟大，更能让他们在参与中深刻感悟革命精神的力量，从而激发爱党爱国的情感共鸣，形成共同的价值追求。这种课外实践的一体化拓展，不仅打破了教学场所的限制，还促进了学生之间的交流与互动，加深了他们对红色文化的理解和认同，为思政课的实践教学开辟了新的路径。

（二）大中小学思政课一体化建设中提高红色资源有效运用的途径

在大中小学思政课一体化建设的征途上，深化红色资源的有效运用，以达成红色教育的一体化目标，是一项长期而系统的工程，它要求各阶段教育紧密协作，形成强大的协同效应。当前面临的挑战，如各学段运用红色资源的针对性不足、学段间衔接不畅、教师一体化贯通能力欠缺等问题，亟须我们探索并实施有效策略，以强化红色资源在思政课中的教育效能。

1.遵循各学段教学规律，提高红色资源运用的针对性

（1）构建系统连贯的红色资源运用目标体系

在大中小学思政课一体化建设中，提高红色资源的有效运用，首要任务是构建一套系统连贯、明确清晰的红色资源运用目标体系。这一体系应紧密围绕教育的总体目标——培养德智体美劳全面发展的社会主义建设者和接班人，并在此基础上细化红色资源在各学段的具体运用目标，即通过红色资源的深入运用，培养具有坚定信仰、爱国情怀、社会责任感和使命感的新时代青年，使他们能够自觉传承红色基因，弘扬红色精神，为中华民族的伟大复兴贡献力量。

具体来说，小学阶段重在启蒙道德情感与初步认知。在小学阶段应通过简单易懂的红色故事、图片和视频，激发学生对红色人物和革命历史的兴趣，使学生初步了解国旗、国歌、党史等基本知识，培养学生对党和国家的朴素情感，从而形成良好的行为习惯，如尊重国旗、国歌，参与升旗仪式等。

初中阶段要深化认知，培养情感认同。在初中阶段，应进一步拓展红色资源的教学内容，使学生了解党的发展历程、中华人民共和国的成立和社会主义制度的确立等，通过理性分析引导学生形成对红色精神、红色人物的崇敬之情，培养他们对党和国家的情感认同，并鼓励他们参与红色实践活动，如学习雷锋精神等。

高中阶段要提升政治素养，反对历史虚无主义。高中阶段需加强红色资源的理论深度，引导学生深入探讨红色文化的内涵和价值，形成对红色精神的深刻理解。同时，要培养学生的历史观和政治观，提高他们辨别是非的能力，坚决反对历史虚无主义，捍卫红色英雄的声誉和权益，积极参与社会实践，将红色精神内化为个人品质。

大学阶段应当增强使命担当，践行红色传统。在大学阶段，应重点引导学生将红色知识与社会现实相结合，深入思考中国特色社会主义道路的优越性，增强对马克思主义和中国特色社会主义的认同。同时，鼓励学生将个人理想融入国家发展大局，积极参与社会志愿服务活动，勇于担当社会责任，为实现中华民族伟大复兴的中国梦贡献青春力量。

通过这样一套系统连贯的红色资源运用目标体系，可以有效解决当前各学段在红色资源运用上缺乏针对性、衔接性和一体贯通性的问题，推动大中小学思政课一体化建设的深入发展。

（2）深度挖掘与整合红色资源，明确教学重点

在大中小学思政课一体化建设中，为了更有效地运用红色资源，必须深入挖掘并整合那些具有鲜明时代特色和深刻教育意义的红色资源内容，使之成为思政课教学的重点。

第一，挖掘红色资源的时代新内涵。随着时代的变迁，红色资源不断被赋予新的内涵和价值。教育者应紧密关注国家发展、社会进步和时代变革，积极挖掘红色资源在新时代的表现形式和内容，如新时代抗疫斗争中展现出的家国情怀、牺牲精神和责任担当等。通过将这些新时代的红色资源融入思政课教学，不仅能够增强教学的时代感和吸引力，还能让学生更好地理解红色精神与当代社会的紧密联系，激发他们的责任感和使命感。

第二，整合红色资源，构建系统性内容体系。面对丰富但零散的红色资

源，教育者需要进行系统的整合与筛选，形成具有逻辑连贯性和科学性的内容体系。具体而言，可以从以下几个方面入手：①根据红色资源的主题和类别，将其划分为不同的专题，如革命英雄人物、重大历史事件、红色文化遗址等，进行有针对性的浓缩和提炼。这样既能突出红色资源的重点，又能使教学内容更加紧凑和深入。②对内容相似或主题相近的红色资源进行整合，避免重复和冗余。同时，根据各学段学生的认知特点和教学目标，筛选出最适合的内容进行教学，确保各学段之间红色资源运用的连贯性和递进性。③红色资源中蕴含着丰富的育人情感，如爱国主义、集体主义、革命英雄主义等。教育者应深入挖掘这些情感元素，通过生动的讲述、感人的故事、直观的展示等方式，激发学生对红色精神的共鸣和认同。同时，要注重情感教育的层次性和递进性，使各学段学生在情感上得到逐步升华和深化。

第三，加强红色资源与时代热点问题的结合。学生群体对当代问题有着较高的关注度和敏感度，教育者应将红色资源与国际国内热点问题相结合，引导学生运用红色精神去分析和解决现实问题。例如，可以将抗疫斗争中的感人事迹与红色精神相结合，让学生理解责任担当、家国情怀等红色精神在当代社会中的体现和价值。这样不仅能够增强红色资源运用的时代性，还能提高学生的分析能力和解决问题的能力。

（3）构建平等互动的红色思政课堂，促进深度学习与情感共鸣

为了克服传统"填鸭式"教育的弊端并有效跨越教师与学生之间的时代隔阂，我们需要在大中小学思政课中创新红色资源的运用方式，打造平等互动的红色思政课堂。这样的课堂不仅能够激发学生的学习兴趣，还能加深他们对红色文化的理解和认同。

第一，激发互动热情，构建共鸣基础。首先，教师应深入了解学生的兴趣和关注点，找准师生互动的共鸣点。在选取红色资源时，要充分考虑其与学生生活的贴近度以及要重视能够引起学生共鸣的元素。通过讲述与学生年龄段相符、易于接受的红色故事，或展示具有感染力的红色影像资料，激发学生对红色文化的兴趣，从而使学生积极参与课堂互动。其次，教师应树立平等的教学观念，尊重学生的主体地位，鼓励学生表达自己的看法和感受。在互动过程中，教师应扮演引导者和促进者的角色，通过提问、讨论、分享等方法，与学生进行深入的交流和探讨，营造一种师生共同学习、共同进步

的积极氛围。

第二，提升互动性与趣味性，以增强学习体验。为了丰富红色思政课堂的趣味性，教师应采用多元化的教学方法和媒介。例如，运用红色漫画、红色歌谣、红色短视频等生动形象的素材，将红色教育内容以更加直观、有趣的方式呈现给学生。这些素材不仅能够吸引学生的注意力，还能让他们在轻松愉快的氛围中学习红色文化。教师亦可设计一些互动性较强的教学活动，如角色扮演、情景模拟、小组讨论等。通过这些活动，学生可以更加深入地了解红色人物的事迹和精神，感受红色文化的魅力。同时，这些活动亦能锻炼学生的表达能力和团队协作能力，提升他们的综合素质。

第三，增进互动效果，深化情感共鸣。在互动教学过程中，教师应致力于引导学生对红色资源进行深度思考与讨论。通过提出富有时代特色和现实意义的问题，引导学生将红色资源与社会热点、个人成长等议题相结合，形成其个人独到的见解和认识。同时，教师还应关注学生的情感体验，通过讲述感人肺腑的红色故事、展示震撼心灵的红色影像资料等手段，激发学生的爱国情感和民族自豪感。为了进一步提升互动效果，教师可邀请红色人物的后裔或相关领域的专家来校举办讲座或交流。这些嘉宾的亲身经历和独到见解能够为学生提供更为真实、生动的红色教育资源，加深他们对红色文化的理解和认同。

2.加强学段间交流衔接，"递进式"运用红色资源

（1）全面构建红色资源"递进式"运用的沟通交流保障机制

为深入推动红色资源在大中小学思政课中的"递进式"运用，我们亟须构建一个全面、系统的沟通交流保障机制，以确保各学段之间的无缝衔接与深度合作。这一机制的建立，旨在打破学段壁垒，促进红色文化的传承与创新，具体举措如下：

第一，完善组织管理机制，强化顶层设计。为确保红色资源在各学段思政课中的有效运用，我们首先需要明确各级党委和政府、教育主管机构及学校的主体责任。各级党委和政府应发挥领导核心作用，将红色资源教育纳入教育发展规划，为思政课一体化建设提供政策支持和资源倾斜。各级教育主管机构则需成立专项工作组，负责制定实施方案、指导思想和基本原则，确保红色资源运用的科学性和系统性。同时，要建立健全评估标准和体系，实

第七章　大中小学思政课一体化的资源运用

时跟进各学段交流互动的落实情况，及时总结推广成功经验，形成一套可复制、可推广的工作模式。此外，各级各类学校应严格执行相关规定，健全内部管理机制，确保红色资源教育在思政课中的有效落实。

第二，建立常态化互动机制，促进深度交流。为了促进大中小学在红色资源运用方面的深度交流与合作，需要搭建多元化、常态化的交流平台。这包括利用现代信息技术手段，建立线上线下的互动机制，鼓励教师之间、学生之间以及师生之间进行多层次的交流。通过定期与不定期的交流活动，如课程研究、教学研讨、教师培训、红色宣讲、思政课堂交叉体验以及红色资源运用课题联合申报等，我们可以实现资源共享、经验互鉴，共同推动红色资源在思政课中的创新运用。同时，这种常态化的互动机制还有助于打破学校间的教学壁垒，增进各学段之间的理解和信任，为红色文化的传承与创新奠定坚实基础。

第三，完善激励与保障制度，激发内在动力。为了激发各学段教师参与红色资源运用交流互动的积极性，需要建立健全科学合理的激励与保障机制。首先，要关注思政课教师的职业发展和待遇提升，通过提高工资、职称评定倾斜等方式，让教师感受到工作的价值。其次，要设立专项经费支持红色资源运用学术交流、实践研修等活动，确保各项活动能够顺利开展并取得实效。对于欠发达地区，应给予适当的扶持与资助，确保红色资源教育的均衡发展。最后，要完善评价体系，将教师在红色资源运用方面的成果纳入绩效考核体系，并将其作为评优评先、职称晋升的重要依据。这不仅能够激励教师不断探索和创新教学方法，还能提高红色资源运用的实效性和针对性，为培养具有爱国情怀和社会责任感的时代新人贡献力量。

（2）实现红色资源在思政课中的学段对接与递进式运用

在思政课一体化进程中，教学内容的有效对接是核心环节，直接关系到各学段思政课教育目标的达成。针对当前红色资源在各学段思政课中存在的重复和倒置现象，我们必须采取有力措施，实现红色资源的"递进式"运用，确保教学内容由简单到复杂、由浅入深地逐步升级。

第一，减少运用内容的重复。为了优化红色资源在思政课中的配置，我们需从教材编写和教师教学两个层面入手。教材编写者应具备大中小学思政课一体化的全局视野，科学规划红色资源的使用，避免相同内容在不同学段的简单重复。同时，教师应树立一体化教学理念，深入研究各学段教材，避免在讲解过程中出现与前后学段内容的重合度过高的现象，实现教学资源的有效利用。

第二，统筹内容的衔接设计。红色资源在各学段思政课中的衔接设计应遵循学生认知发展的自然规律，确保教学内容的连贯性和逻辑性。这要求我们从教材体系的整体性出发，将红色资源的相关内容按照由易到难、由浅入深的顺序进行编排。在小学阶段，注重红色文化的启蒙教育，激发学生对党和国家的朴素情感；在初中阶段，加强爱党爱国教育，深化学生对社会主义制度的认识；在高中阶段，强化政治素养培养，提升学生对国家、社会和党的认同感；在大学阶段，则注重历史使命感和责任感的塑造，构建系统的红色知识体系。

第三，渐进安排具体教学内容。在具体实施过程中，我们应根据各学段学生的身心特点和认知水平，精心安排红色资源的教学内容。小学阶段，通过国旗、国徽、国歌等具象化元素以及红色革命英雄和国家领导人的事迹，引导学生形成初步的情感认同。初中阶段，通过讲述党和中华人民共和国的成立历程、社会主义制度的确立等红色史实，培养学生的理性爱国情怀。高中阶段，通过加强学生对国家和社会主义等概念的深入理解，增强学生的政治素养。大学阶段，则需加强四史教育，使学生全面认识党的历史和国家的发展道路，明确自身的历史使命和社会责任。

（3）深度融合红色资源于思政实践教育

为了充分发挥实践教学在思政课中的独特作用并克服当前一体化实践教学面临的障碍，需要构建一套跨学段的一体化实践教学模式，以整合与优化校内外实践资源，实现红色资源在思政课中的深度融合与高效利用，让学生在理论与实践的交融中深刻感悟红色资源的内涵与价值。

首先，优化校内实践教学模式。应当在课堂实践中融入当地红色资源，通过选取典型红色故事或人物，采用小组讨论、辩论、情景模拟等多种教学方法，激发学生的学习兴趣与参与度。同时，邀请退伍老兵、优秀党员等走进课堂，以亲身经历讲述爱国故事，传承红色基因，使课堂内容更加生动感人。此外，还应充分利用网络实践教学平台，打破时空界限，让大中小学生围绕同一红色主题进行线上互动与实践，拓宽学习视野，深化对红色文化的

第七章　大中小学思政课一体化的资源运用

理解。在校园内，要积极打造数字化红色教育基地，营造浓厚的红色文化氛围，扶持红色社团发展，丰富党团活动形式，将红色教育与党团活动紧密结合，让学生在参与中受到红色精神的熏陶与感染。

其次，拓展校外实践教学模式。应当根据各学段学生的特点与需求，设计差异化的校外实践活动方案。对于中小学生而言，可以通过组织参观红色教育基地、观看红色电影等方式，让他们直观感受红色文化的魅力，激发爱国情感。同时，与红色教育基地建立长期合作关系，鼓励学生参与志愿服务等活动，培养他们对红色资源的责任感与使命感。对于大学生而言，则可以鼓励他们走出校园，参与社会调查、志愿服务等更深入的实践活动，通过探访革命故地、调查当地经济社会文化等方式，深入了解红色资源的历史背景与现实意义，进一步坚定信仰信念。还可以利用重大节日等契机，组织丰富多彩的红色教学实践活动，让学生在节日氛围中接受红色文化的洗礼与熏陶。

3.强化师资培训，提高教师运用红色资源的能力

（1）强化教师素养，深化一体化教学意识

在推进大中小学思政课一体化建设的宏伟蓝图中，教师是不可或缺的关键力量。要有效融入红色资源，实现其在教学中的一体化运用，思政课教师的综合素养提升成为首要任务，这是确保红色资源教育价值充分发挥的基石。具体而言，教师素养的提升需从以下三个维度深入展开：

首先，提升政治素养，铸就信仰之魂。思政课教师的政治素养是其立身之本，直接关系到课程教学的政治方向和育人成效。正如习近平所言，"让有信仰的人讲信仰"，红色资源承载着鲜明的意识形态属性，其在教学中的运用直接关联到思政课教育的根本方向及总体教育目标的实现。因此，思政课教师必须具备过硬的政治素质，时刻保持高度的政治觉悟，坚定维护党中央权威，积极传播主流意识形态，以自身的信仰之光点亮学生的心灵之灯。

其次，深化理论功底，夯实教学之基。红色资源内涵丰富，随着时代的发展而不断演进，要求思政课教师具备深厚的理论功底和广博的知识储备。教师需不断学习，深入研究红色资源的内涵与外延，掌握其历史脉络、文化精髓及新时代价值。通过研读经典、博览原著，提升对红色资源的认知深度与广度，从而在教学过程中能够深入浅出、条分缕析地讲解红色故事，引导

学生深刻理解红色精神的实质与意义，增强教学的说服力和感染力。

最后，拓宽学习视野，拓展教学之路。思政课教师应秉持开放包容的心态，不断拓宽学习视野，关注时代变迁与社会发展，掌握红色革命史、建设史、改革史的整体框架，对红色资源体系进行宏观把握。同时，教师应注重跨学科学习，涉猎哲学、社会学、心理学等领域的知识，以更加宽广的视野审视红色资源，为教学提供多元视角和丰富素材。针对不同学段学生的特点和需求，灵活运用红色资源，创新教学方法与手段，使思政课更加贴近学生实际，激发学生兴趣与共鸣，实现红色资源教育价值的最大化。

（2）强化教学培训，提升一体化教学能力

为了确保红色资源在大中小各学段思政课中的有效运用并实现教学目标的一体化贯通，加强思政课教师的教学培训，提升其一体化教学能力显得尤为重要。这不仅有助于实现"1+1>2"的教学效果，还能促进红色资源在各学段中的精准定位和差异化运用。

第一，构建人才协同交流平台，深化跨学段教育合作。为了促进大中小学思政课教师的深度交流与合作，亟须构建一个人才协同交流平台。该平台将汇聚来自不同学段的优秀思政课教师，并特邀行业专家与学者参与教学指导，形成一支跨学科、跨领域的教师精英队伍。在此平台上，教师们能够围绕红色资源在思政课中的运用展开深入对话，共同探讨重难点及热点问题，促进跨学段课题的联合申报与专题研讨。这种紧密的合作机制不仅有助于深入挖掘和提炼地方红色资源的独特价值，还能显著提升教师们对红色资源的理解、把握及运用能力。同时，通过加强教材与教法的研究，教师们能够相互借鉴，将教材上的文字转化为生动鲜活的教学案例，进一步提升教学质量与效果。

第二，健全一体化培训体系，推动教师培训持续化。为了全面提升思政课教师的一体化教学能力，需要构建一个完善且常态化的培训体系。这一体系应立足于构建思政课共同体的长远目标，将提升教师的一体化教学能力作为核心培训内容。通过设立专项培训班、建立专门的研修基地，并灵活运用"线上+线下"的混合教学模式，我们能够实现教师培训的制度化、系统化与常态化。在培训内容上，应紧密贴合各学段学生的身心特点与学习需求，重点培养教师选取适宜教学内容、运用多样化教学方法的能力。鼓励教师们

第七章　大中小学思政课一体化的资源运用

结合时事热点与实际问题，优化教学设计，引导学生在红色资源的学习中树立正确的世界观、人生观和价值观。同时，积极推广现代教学技术的应用，通过创设情境教学、互动式教学等新型教学模式，激发学生的学习兴趣与参与度，全面提升思政课的教学效果与影响力。

第三，组织集体备课活动，优化红色资源运用。在教学总目标的指导下，组织区域内思政课教师围绕地方红色资源进行集体备课。通过确定备课主题、共同研讨教学方案、个人备课与教学展示等环节，促进教师之间的交流与合作。在集体备课过程中，要重点分析教学内容的一致性与差异性，避免红色资源运用内容的无效重复。同时，探讨不同学段红色资源运用的区分递进策略，灵活把握教学要点的深浅度。通过找出教学衔接的盲点，做好相同主题在不同学段间的逻辑进阶，实现教学体系的有机转化与顺畅衔接。这样一来，不仅能够提升红色资源在思政课中的精准运用水平，还能够促进学生思想认识的逐步深化与全面发展。

（3）构建一体化考评体系，强化红色资源育人实效

在"一体化建设"的框架下，为确保红色资源在各学段思政课中的有效运用与持续深化，亟须建立一套科学、全面的一体化考评机制。这一机制旨在通过精准考核及时反映红色资源运用的成效与问题，为进一步优化教学策略提供有力支撑。针对当前评价体系中存在的细化不足、主体单一及反馈滞后等问题，我们应从以下几个方面着手强化教学要求，完善考评体系。

第一，确立多维度一体化评价指标。树立全面的评价理念，超越单一的升学率或排名导向，构建涵盖德育与智育的综合评价体系。针对红色资源在思政课中的运用，对教师的评价应聚焦于其对红色资源一体化运用的理念认同、教学内容的深度与广度把握、教学方法的灵活性与创新性、学生主体性的激发程度以及在一体化教学活动中的贡献与参与度等方面。同时，对学生的评价则需关注其对红色资源的认知深度、情感共鸣及行为实践，确保评价内容全面而深入。

第二，构建多元评价共同体。推动评价主体多元化，形成包括党委政府、学校、教师、学生及社会各界在内的评价共同体。党委和政府应发挥引领作用，结合地方红色资源特色，制定符合实际的评价内容与标准。学校则需平衡教学与科研的关系，既考察教师的教学成果，也重视其在红色资源

挖掘与运用方面的科研能力。同时,鼓励学生参与评价过程,发挥主体作用,促进自我反思与同伴评价。通过多元评价,确保评价结果的客观性与公正性。

第三,畅通评价反馈与改进机制。强化信息反馈的时效性与有效性,明确信息反馈主体,建立快速响应机制。广泛收集不同地区、不同类型学校在红色资源运用方面的实践经验与典型案例,及时总结提炼,形成可复制、可推广的经验模式。同时,将反馈结果及时传达给教育主管部门及一线教师,为政策调整与教学策略优化提供有力依据。通过持续的反馈与改进,推动红色资源在思政课中的深度融合与高效运用,强化其育人实效的持续推进。

第八章 大中小学思政课一体化的保障体系建设

第一节　大中小学思政课一体化保障体系的概念与特点

一、大中小学思政课保障体系

所谓"体系",是指由相互关联、相互作用的元素构成的具备特定功能的有机整体。思政课保障体系旨在更有效地实现学校的思政教育目标,通过教育学生的思想、政治和道德方面,运用思想保障、队伍保障、制度保障和评价保障等手段,针对思政课教学中遇到的问题提出解决方案,确保思政课教学达到应有的效果。

大中小学思政课保障体系针对不同学段学生的身心发展特点、理解能力和接受能力,提供相应的道德教育。该体系从思想、制度、队伍和评价等关键要素出发,针对思政一体化过程中出现的问题,采取有效措施解决,以确保实现教学目标。在这一过程中,思想保障起着引导作用,组织保障是核心,制度保障是焦点,而评价保障则是确保教学质量的关键。

二、大中小学思政课一体化保障体系的特点

大中小学思政课一体化保障体系的特点主要体现在以下几个方面。

（一）目标一致性

大中小学思政课一体化保障体系的首要特点是坚持立德树人的根本任务,确保各学段思政课在育人目标上保持高度一致。这一体系旨在通过系统

第八章　大中小学思政课一体化的保障体系建设

化的思政教育，培养学生的思想政治素质、道德品质和学科核心素养，为他们的全面发展奠定坚实基础。

（二）整体性设计

保障体系强调从整体出发，对大中小学各学段的思政课进行系统设计、合理布局。这包括课程目标的层层递进、课程内容的有机衔接、教学方法的协同创新等方面，以实现整体功能大于部分之和的效果。

（三）全面性覆盖

思政课一体化保障体系要求课程内容全面覆盖思想政治、道德法治、中华优秀传统文化等多个方面，以满足学生全面发展的需求。同时，注重提升思政课教师的专业素质和教育教学能力，确保他们具备宽广的视野和渊博的学识。

（四）衔接性强化

保障体系特别注重大中小学不同学段思政课在课程目标、课程内容、课程评价、教师队伍、课程保障等方面的衔接性。通过明确各学段的教学目标、优化教学内容、完善评价体系等措施，确保思政课在不同学段之间能够顺畅过渡、有效衔接，形成一体化的育人链条。

（五）协同性提升

思政课一体化保障体系着重于政府、学校、家庭及社会等多方面的协作与配合。政府负责提供政策上的支持与资源上的保障，学校则承担具体的执行与日常管理职责，而家庭和社会则通过构建积极的教育环境与社会氛围，为思想政治课程的建设提供支持。这种多方面的协同努力，有助于形成促进思想政治课程建设的强大力量。

（六）长期性保障

思政课一体化建设是一项长期而艰巨的任务，其保障体系强调持续投入与长期规划的重要性。通过构建完善的投入机制、评价机制和监督机制，能够确保思政课程建设的稳步推进与持续深化。要注重对经验的总结与教训的吸取，不断调整和完善保障措施，以适应时代的发展和学生的成长需求。

第二节　大中小学思政课一体化保障体系建设的现实考察

一、保障体系取得的经验

深入研究大中小学思政课一体化保障体系，必须深深植根于现实社会的土壤之中，秉持开放与批判并重的态度，既善于汲取过往实践中的宝贵经验，又勇于剔除不适应新时代要求的部分，实现"取其精华，去其糟粕"的智慧融合。德育，作为教育体系中的核心支柱，始终是党和国家高度关注的领域。长期以来，通过学校、家庭、社会三方的紧密协作与不懈努力，大中小学思政课一体化的保障体系在构建过程中已取得显著成效，积累了丰富且深具价值的实践经验。

（一）政府重视并颁布相关文件

政府从整体及系统的角度出发，进行整体布局，颁布相关文件，落实相关政策，不断强化大中小学思政课一体化目标。

第八章　大中小学思政课一体化的保障体系建设

中共中央、国务院发出的《关于进一步加强和改进大学生思想政治教育的意见》等，为思政课构建了明确的制度框架，明确了思政课在高等教育中的重要地位，提出了建立健全与法律法规相协调、与高等教育全面发展相衔接、与学生成长成才需要相适应的思想政治教育和管理制度体系的要求。

《关于深化新时代学校思想政治理论课改革创新的若干意见》等，明确了大中小学思政课一体化建设的重要性和具体要求，为一体化建设提供了政策指引和制度保障。

《关于全面深化课程改革落实立德树人根本任务的意见》和《国家中长期教育改革和发展规划纲要（2010—2020年）》等文件，均强调了不同学段思政课的重要性，要求加强思政课建设的整体设计和规划，这些政策为思政课一体化建设提供了明确的指导和支持。

《中共中央关于改革和加强中小学德育工作的通知》要求加强德育工作队伍建设，而《关于规范小学和幼儿园教师培养工作的通知》则特别针对小学和幼儿园教师的培养提出了具体要求，这些措施旨在提升教师的专业素养和教学能力，确保思政课的教学质量。

政府在多个政策文件中明确提出了增加经费投入、提供必要设备和场所等要求，以保障思政课的顺利开展。如《关于进一步加强和改进大学生思想政治教育的意见》中提到要增加必要的经费投入，为学生提供丰富的德育活动资源。这些措施为思政课提供了坚实的物质基础。

在《国家中长期教育改革和发展规划纲要》等文件中，政府强调了教育信息化的重要性，提出加快教育信息化进程的要求。这对于思政课而言，意味着可以利用现代信息技术手段创新教学方法，提高教学效率和效果，使思政课更加贴近学生实际、更加生动有趣。

（二）全社会基本形成良好的思政育人环境

随着社会的进步和人们对德育要求的不断提高，全社会逐渐形成了重视思政一体化的良好社会氛围。践行社会主义荣辱观以及社会主义核心价值观的系列内容中，对德育内容提出了许多要求。通过电视、广播、电子计算机、街道墙等媒介，播报并张贴有关德育内容的图片，播放有关德育建设的宣传片，将德育内容不断推广。这些举措有效地提升了公众对思政课一体化的认识和重视程度。

除了宣传和教育外，社会各界还通过举办德育系列活动、参观具有纪念意义的场所及红色教育基地等方法，让学生在社会环境中不断学习、不断进步。这些活动不仅丰富了学生的课外生活，还让他们在实践中深刻理解了德育的重要性和意义。

（三）教育资源的整合与共享

1.校际合作与区域联盟

为了加强课程融合、拓展教育资源，一些地方和学校积极开展校际合作和区域联盟。通过制定不同学段的思政课教学大纲、明确各学段的教学目标和内容，确保教学的连续性和层次性。同时，通过校际间的交流与合作，实现教育资源的共享和优化配置。

2.教育资源的开发与利用

教育部门还鼓励各地充分利用历史文化资源建设"大思政课"实践教学基地等，从而为学生提供更加丰富的实践学习机会。这些实践基地不仅有助于学生了解历史、感受文化，还能增强他们的社会责任感和使命感。

（四）教师队伍的建设与提升

1.教师培训体系的完善

教师是思政课一体化建设的关键因素。为了提升思政课的教学质量，各级教育行政部门和学校不断完善教师培训体系，提高教师的综合素质。通过建立健全教师培训机制、加强教师之间的交流与合作、鼓励教师参与科研项目和社会实践等措施，提升教师的专业素养和实践能力。

2.教师一体化教学意识的增强

随着思政课一体化建设的深入推进，越来越多的教师认识到其重要性和必要性。他们积极转变教学观念、创新教学方式方法，努力提升思政课的针对性和吸引力。同时，他们还注重与其他学段的教师进行交流与合作，共同推动思政课一体化建设的发展。

二、保障体系存在的问题

大中小学思政课的一体化进程，跨越小学、初中、高中至大学多个教育阶段，其复杂性和长期性对教育目标的统一、内容的完整以及方法的多样性提出了高要求。然而，当前思政课保障体系存在显著不足，制约了其一体化实效性的提升。

（一）思想认识的局限性

在思政教育的广阔领域中，学生作为核心受众，其全面发展本应受到社会、学校、家庭三方的全方位关注与支持。然而，现实情况往往是学生的学习成绩被过分强调，而对其道德品质、心理健康及思想建设的重要性认识不足，缺乏一套贯穿学生成长全周期的、连贯且深入的思政教育模式。这种忽视不仅体现在对学生个体差异和阶段性矛盾的忽视上，更在于未能有效引导学生树立正确的价值观，忽视了学生的主体性地位。以下从国家、学校、家庭三个维度进行深入剖析。

1.国家层面

尽管国家已出台多项政策推动大中小学思政课一体化建设，但这些政策多侧重于宏观指导和物质支持，如增加资金投入、构建教学队伍、完善制度体系等。然而，在实施过程中，缺乏有效的监督机制和评估体系，难以确保政策的落地效果。更重要的是，在国家层面的顶层设计中，对思想引领和意识形态教育的核心作用重视不够，未能充分协调各保障机制形成合力以全方位、多角度地促进学生的思想道德成长。

2.学校层面

学校作为思政教育的主阵地，其教育理念与实践之间存在明显脱节。一方面学校强调思政课的主渠道作用，但另一方面在实际操作中，智育与德育的发展并不平衡。智育方面有着明确的培养目标、评价体系和考核机制，而思政教育则相对缺乏硬性要求和有效的评估手段。这导致教师在不同教育阶段对学生的思政教育缺乏针对性和连续性，忽视了学生思想动态的变化和个体差异。从小学到大学，思政课往往被视为"副科"或"任务"，难以激发学生的内在动力和兴趣，形成了思政教育的断层和盲区。

3.家庭层面

家庭是孩子成长的第一课堂，同时也是思想政治教育中不可分割的一部分。但在日常生活中，众多家长过分强调学业成绩的重要性，而忽略了培养孩子的道德品质和思想意识。面对孩子的心理困扰或思想疑惑，家长常常缺乏有效的沟通技巧和引导策略，有时甚至采取简单粗暴的方法来处理问题。这种教育方法不仅无法妥善解决问题，反而可能加剧孩子的逆反心理和负面情绪。因此，家长需要提高对思想政治教育的重视程度，注重与孩子之间的情感沟通和思想引导，以共同推动孩子的全面成长。

（二）队伍保障机制的短板与挑战

我国思政教育的显著成就，离不开一支默默奉献、勇于担当的思政教育队伍。然而，面对教育规模的扩大、教育改革的深化以及大中小学思政课一体化目标的紧迫性，思政教育队伍建设正面临前所未有的挑战。具体而言，队伍保障机制在数量、结构、素质及整体性等方面存在显著不足。

1.队伍数量与需求失衡

随着教育扩招政策的实施，学生数量激增，对思政教师的需求急剧上升。然而，由于高标准的选拔要求和现有教师队伍的局限性，导致师资编制严重不足，难以满足各学段学生的思政教育需求。加之教师还需承担繁重的日常管理任务，难以集中精力开展深入的德育思想工作，从而影响了思政教育的质量和效果。

2.队伍结构亟待优化

当前思政教育队伍存在年龄偏大、知识结构老化等问题。老一辈教师虽经验丰富，但教育理念和方法难以跟上时代步伐，缺乏创新性和互动性。同

第八章　大中小学思政课一体化的保障体系建设

时,队伍中专业背景多元但思政专业人才匮乏,特别是在教育学、心理学等相关领域的知识储备不足,限制了思政教育的专业性和实效性。

3.教师素质有待提升

思政教师作为引领学生思想的引路人,应具备扎实的专业素养和与时俱进的教学能力。然而,现实中部分教师专业知识掌握不牢固,教育观念陈旧,缺乏对新经济、新文化的敏锐洞察力和对学生思想动态的准确把握。此外,沟通能力的不足也影响了师生关系的建立和教师威严形象的树立。

4.整体性保障缺失

大中小学思政课一体化要求各阶段教育紧密衔接、协同配合。然而,当前思政教师之间缺乏有效的沟通与协作机制,各自为政现象严重。这种割裂状态不仅导致思政工作难以形成合力,还造成了教育资源的浪费和重复劳动。同时,缺乏系统性的队伍保障体系也限制了思政教育整体效能的发挥,影响了大中小学思政课一体化目标的实现。

(三)制度保障体系的短板

思政课一体化作为一项系统工程,亟须构建一套全面、科学、操作性强的制度体系,以确保其目标的顺利实现并提升教育效果。然而,当前我国在思政课教学制度建设方面仍存在显著不足,具体体现在以下几个方面。

1.制度建设不完善且缺乏科学性

当前,各教育阶段的思政教育制度相对独立,缺乏统一性和连贯性,难以形成有效的制度合力。此外,部分制度内容陈旧,未能紧跟时代发展步伐,与学生实际思想状况脱节,导致制度执行效果不佳,甚至沦为形式。

2.制度管理与执行存在脱节

在实际操作中,许多学校存在思政教育与管理相脱节的问题,制度执行不力,导致思政教育效果大打折扣。具体表现为:教师职责划分不清,精力分散,难以专注于德育工作;制度设计脱离实际,缺乏灵活性和针对性,难以应对复杂多变的教育环境。

3.赏罚制度不明确,激励机制缺失

在思政教师队伍中,赏罚不明、激励不足的问题较为突出。优秀的思政教师未能得到应有的表彰和奖励，而工作不力的教师也未能受到相应的惩处。这种现象不仅挫伤了教师的工作积极性和责任心，也影响了思政教育的整体质量。

（四）物质投入保障薄弱

思政课大中小学一体化目标的实现，是一个多维度、深层次的教育改革过程，它不仅依赖于正确的思想导向、强大的师资队伍和科学的制度体系，还离不开坚实的物质与资金支撑。然而，当前我国在思政课方面的物质投入保障明显不足，这成为制约其发展的关键因素。

1.课程资金分配不足

从基础教育到高等教育，思政课程的教材与教辅资料需求多样且严格。然而，多数学校仅满足于提供基础教材，却忽视了辅助课程资料的丰富性与多样性，导致教学内容缺乏深度与广度。这种资金分配的局限性，直接限制了教师教学方法的创新与教学内容的拓展，影响了思政课程的教学效果。

2.硬件设施建设滞后

思政教育不仅仅是课堂内的理论传授，更需通过实践活动、实地考察等方式增强学生的情感体验与思想认同。然而，由于硬件设施投入不足，如活动场地有限、多媒体设备匮乏、红色教育基地建设滞后等，使得许多富有成效的思政教育活动难以开展。这不仅削弱了思政教育的实践性和感染力，也限制了学生在实践中深化对思政理论的理解与应用。

3.日常运行经费短缺

思政课教学的日常运行涉及多个方面，包括学生实践活动、教师培训、科研支持、心理辅导等，这些都需要充足的经费作为保障。然而，当前许多学校在这些方面的投入明显不足，导致思政教学各项活动难以顺利开展。例如，学生思政实践活动的规模与质量受限，教师专业培训机会减少，科研创新动力不足，学生心理辅导服务不完善等，均对思政课教学的整体效果产生了不利影响。

三、保障体系存在问题的原因分析

思政课一体化建设作为新时期思想政治教育改革的重要内容，旨在通过整合大中小学各学段的思政教育资源，形成协同育人的良好机制，以落实立德树人的根本任务。然而，在实际推进过程中，思政课一体化建设的保障体系面临着诸多挑战与问题，这些问题不仅影响了思政课的教学效果，也制约了思政教育整体目标的实现。

（一）"应试教育"模式冲击大中小学思政课一体化保障效果

"应试教育"模式长期以来在我国教育体系中占据主导地位，其特点是以考试成绩作为评价学生优劣的主要标准，忽视了对学生综合素质和创新能力的培养。这种模式对思政课一体化建设的保障体系产生了深刻影响，具体表现为以下几个方面：

第一，教学目标偏离。在"应试教育"模式下，思政课往往被简化为知识点的记忆与背诵，忽视了对学生思想道德素质、价值观念及实践能力的培养。这种偏离了思政教育本质的教学目标，使得思政课一体化建设难以真正落实立德树人的根本任务。

第二，教学内容单一。受"应试教育"影响，思政课的教学内容往往局限于教材上的知识点，缺乏对学生生活实际的关注和引导。这种单一的教学内容不仅难以激发学生的学习兴趣，也限制了思政课一体化建设中各学段之间的有效衔接。

第三，教学方法僵化。在"应试教育"模式下，思政课的教学方法往往以讲授为主，缺乏互动与实践环节。这种僵化的教学方法不仅难以适应新时代学生的需求，也制约了思政课一体化建设中教学方法的创新与改革。

（二）思政教育理念偏差弱化大中小学思政课一体化保障体系作用

思政教育理念是指导思政课一体化建设的重要基础，但当前在思政教育理念方面存在诸多偏差，这些偏差弱化了思政课一体化保障体系的作用，具体表现为：

第一，重知识传授轻能力培养。部分思政课教师过分注重知识点的传授，忽视了对学生思想道德素质、价值观念及实践能力的培养。这种教育理念偏差导致思政课在一体化建设中难以形成有效的育人合力。

第二，重短期效果轻长远发展。在"应试教育"的驱动下，部分学校和教育管理者过分追求短期内的考试成绩提升，忽视了思政课对学生长远发展的积极影响。这种短视的教育理念使得思政课一体化建设难以持续深入推进。

第三，缺乏一体化理念。部分教师和管理者尚未形成一体化的思政教育理念，仍习惯于各自为政的教学模式和管理方式。这种理念上的偏差导致思政课一体化建设在实践中难以形成统一的步调和标准。

（三）政策执行不力限制了大中小学思政课一体化保障体系的贯彻实施

尽管国家与政府在推动大中小学思政课教学衔接及德育保障体系构建上展现了高度的重视与不懈努力，且已积累了一定实践经验，其决心与行动不容忽视。然而，在实际执行层面，政策的落地效果却大打折扣，严重制约了德育一体化保障体系的全面构建与高效运行。

1.保障体系缺乏系统性整合

构建有效的思政课教学保障体系，关键在于各要素之间的紧密衔接与协同作用。遗憾的是，当前保障体系在内容上显得支离破碎，缺乏统一规划与整体布局。政府虽已出台多项保障措施，但因缺乏系统性的整合与协调机制，导致各保障环节各自为政，难以形成合力。加之监督机制的缺失或执行不力，使得保障措施在落实过程中往往流于形式，难以触及实质，严重影响了思政教学工作的实际效果。

2. 内容落实效果不尽如人意

政府明确提出了包括思想、制度、队伍、物质等在内的多维度保障要求，旨在全方位支撑思政课一体化建设的深入推进。然而，理想丰满，现实骨感。由于监督机制不健全，执行机构及基层单位在落实过程中存在敷衍塞责、打折扣的现象，导致诸多保障措施未能有效落地。特别是在物质投入方面，资金不足、资源配置不均等问题频发，严重制约了保障工作的深入开展，使得最终成效远未达到预期目标。

（四）学校各层级及教师间的交流缺失成为制约思政课一体化保障体系效能的隐形障碍

思政课一体化体系的构建过程本应是各阶段教师携手并进、相互启发的过程，老师们应共同为培养学生的全面思政素养而努力，但当前学校内部及教师间的交流障碍却成为阻碍这一体系顺畅运作的隐形壁垒。

1. 教师间交流的匮乏

思政课教师往往局限于各自的教学领域，未能形成跨学段的深度对话。这种"孤岛式"的教学状态导致不同学段间的德育内容衔接不畅，形成了教学上的断层。教师间缺乏对学生思政成长轨迹的全面了解，既限制了教学方法的创新，也削弱了思政课的连贯性和实效性。此外，部分教师因自身思政素养的不足和教学方法的陈旧，进一步加剧了这一问题的严重性，影响了思政课一体化目标的达成。

2. 领导层交流的缺失

作为思政工作的领航者，学校领导层之间的交流同样至关重要。然而，现实中却存在着领导间沟通不畅、思政工作重视程度不够等问题。这不仅导致了领导层在思政工作上的决策孤立，难以形成全局视野，还使得各学段工作人员在思政工作中重复劳动、资源浪费。缺乏跨学段的经验分享与问题共商，使得学校在思政工作中难以避免教学内容重复，影响了思政课一体化的持续推进。

3. 思政部门间的隔阂

各学段思政部门的设置差异本应是为了更好地适应学生成长特点，但在实际操作中却成为交流障碍的源头。中小学思政部门因资源有限而难以全面覆盖，大学阶段则因部门众多而难以形成合力。部门间的沟通不畅，使得学生在不同学段的思政教育经历难以无缝对接，影响了思政工作的整体效果。加之各阶段对学生思政状况的了解不足，更使得思政工作难以精准施策，成效大打折扣。

第三节 大中小学思政课一体化保障体系建设的优化对策

在追求思政课大中小学一体化高效实现的征途上，首要任务是正视并深入剖析当前存在的问题及其根源，进而提出切实有效的解决方案。本节旨在从思想保障、队伍保障、制度保障、评价体系构建及校外资源整合等多个维度出发，为破解思政课一体化效果不佳的核心难题提供对策性建议。

一、强化思想引领，确保思政课教学的时代性与实效性

随着社会的日新月异，思政课教学面临着前所未有的变革与挑战，其环境、目标、内容及方法均呈现出新的发展趋势。因此，构建大中小学思政课一体化保障体系的首要任务在于强化思想引领，确保思政教学紧跟时代步伐，提升教学的时效性和针对性。

第八章　大中小学思政课一体化的保障体系建设

（一）深刻洞察思政教学新趋势

面对社会经济与科技的飞速发展，思政教学必须敏锐捕捉并适应这些变化带来的新要求。

1.明确思政教学目标的现实性转向

要紧密围绕学生成长成才的实际需求和社会发展的现实需要，调整和完善教学内容，使思政教学更加贴近时代、贴近生活、贴近学生。通过树立科学的思政教学新理念，引导学生树立正确的世界观、人生观、价值观，培养具有社会责任感和使命感的时代新人。

2.把握思政教学内容的多元化趋势

针对不同学段学生的身心发展特点和认知规律，科学规划思政课程体系，实现思政教育的连贯性和系统性。同时，积极拓展思政教学的外延，将法治意识、心理健康教育、文学艺术等内容融入其中，形成多位一体的思政教育内容体系，丰富学生的精神世界，促进其全面发展。

3.推动教学方法的现代化革新

传统的填鸭式教学方法已难以适应新时代思政教学的需求。因此，必须大力推进教学方法的现代化革新，采用更加灵活多样的教学手段和方式。一方面要充分利用现代信息技术手段，如计算机媒体设备、网络平台等，构建线上线下相结合的思政教学新模式，提高教学的互动性和趣味性；另一方面要注重实践育人的重要作用，组织学生参加社会实践、志愿服务等活动，让学生在实践中深化对思政理论的理解和认识，增强其社会责任感和使命感。

4.促进思政职能的社会化融合

思政教育是一项系统工程，需要学校、家庭和社会三方面的共同努力。因此，在构建大中小学思政课一体化保障体系的过程中，必须注重思政职能的社会化融合。一方面要加强学校与家庭、社会的沟通与合作，形成教育合力；另一方面要鼓励学生走出校园、融入社会，在社会实践中锻炼成长。通过构建开放、协同、共享的思政教育工作格局，为学生的全面发展提供更加广阔的空间和舞台。

（二）重塑思政教育理念

在实现大中小学思政课一体化保障体系的过程中，思想引领是核心驱动力。因此，我们亟须以科学、全面且富有前瞻性的思政理念为指引，彻底革新传统教育模式，迈向更加综合、立体的教育体系。

1.教育理念的根本性变革：从单一道德教育到全人格教育的跨越

传统的思政教育往往局限于道德知识的传授，忽视了对学生进行心理健康、法治意识、政治素养等多维度的教育或培养。为此，我们必须实现教育理念的根本性转变，将思政教育置于促进学生自由而全面发展的战略高度。这意味着，我们不仅要传授思政知识，更要注重培养学生的思维能力、道德品质、法律观念、政治觉悟及心理素质，形成一个系统、全面的教育框架。通过这样的转变，帮助学生树立正确的世界观、人生观、价值观，使其成为具备爱国情怀、集体主义精神、社会主义信仰且心理素质坚韧、勇于担当的新时代青年。

2.创新思政教育模式，强化保障体系的协调性

针对当前思政课在教学中被边缘化、形式化的现象，我们必须创新教育模式，强化保障体系的协调功能。首先，要彻底摒弃"重专业轻思政"的错误观念，将思政课教学提升至与专业课教学同等重要的地位。其次，要优化教学内容与方法，采用更加生动、活泼、贴近学生实际的教学方式，如案例教学、情境模拟、社会实践等，激发学生的学习兴趣和参与度。再次，建立一套完善的考核评估体系，将思政课的成绩纳入学生综合评价体系，与升学率、奖学金评定等挂钩，形成有效的激励机制。最后，还应加强思政课教师队伍的建设，提升教师的专业素养和教学能力，确保思政课教学的高质量实施。

3.促进思政课与专业课深度融合，构建一体化教育生态

思政课与专业课并非孤立的教育环节，而是相互促进、共同发展的有机整体。因此，我们要推动思政课与专业课的深度融合，形成一体化教育生态。一方面可以在专业课教学中融入思政元素，如通过讲解行业规范、职业道德等内容，增强学生的职业责任感和使命感；另一方面在思政课中也可以引入专业知识背景，使思政教育更加贴近学生实际和专业需求。通过这样的融合，不仅能够提升学生的专业素养和思政水平，还能够培养学生的综合素质和创新能力。

二、强化队伍保障，构建高素质思政教师团队

在思政课一体化进程中，教师是灵魂人物，其专业素养与工作态度直接关乎思政教育的成效。因此，打造一支由高水平思政教师组成的坚实队伍是推进思政工作深入发展的基石。

（一）完善政策与制度框架

为确保思政教师队伍的稳定与持续发展，需从政策层面入手，制定并优化一系列有利于思政教育的规章制度。国家应发挥引领作用，出台具有导向性的法律法规，为思政教师提供坚实的法律保障。同时，制定具有吸引力的政策，如提高思政教师的福利待遇、提供职业发展机会等，以增强岗位吸引力，吸引更多优秀人才投身思政教育事业。学校层面，应制定明确的思政队伍建设规划，优化队伍结构，确保年龄、专业背景的合理搭配，为思政工作注入新鲜血液。此外，建立健全激励机制，通过表彰优秀、奖励先进等方式，激发思政教师的工作热情与创造力。

思政教师的工作压力大、任务重，关注其心理健康与职业发展也是至关重要的。学校应建立健全教师心理健康支持系统，提供心理咨询与辅导服务，帮助教师缓解工作压力、排解心理困扰。同时，为思政教师提供广阔的职业发展空间与平台，鼓励其参与学校管理、课程开发等工作，发挥其专业特长与优势。此外，还应关注教师的个人成长与需求，提供必要的支持与帮助，让教师在工作中感受到关怀与温暖，从而更加积极地投入到思政教育事业中去。

（二）全面提升思政教学队伍的综合素质与能力

习近平多次强调，教师队伍是教育发展的中坚力量，特别是在思政教育领域，教师的素质与能力直接关系到学生的健康成长和国家的未来。因此，建设一支高素质、专业化的思政教学队伍，是实现大中小学思政课一体化目标的关键所在。

1. 强化专业素养与业务能力

思政教师应具备扎实的专业基础知识和广泛的学术视野，能够紧跟时代步伐，不断更新教学理念和方法。学校应加大对思政教师的培养力度，通过提供学历教育、举办专业竞赛、开展定期培训、鼓励学术交流与项目研究等方式，全面提升思政教师的专业素养和业务能力。同时，思政教师应自我加压，不断精进，做到对思政课程内容了如指掌，授课时能够条理清晰、深入浅出，与学生形成有效互动，共同探索思政知识的魅力。

2. 坚定政治信仰与职业道德

思政教师作为德育工作的主力军，必须拥有坚定的政治信仰和高尚的职业道德。他们应坚持社会主义方向，以科学的理念为指导，秉持高尚的职业道德，坚守实地调查、科学研究的工作作风。在教书育人的过程中，思政教师应以身作则，用良好的政治素质和道德风范感染学生，成为学生健康成长的引路人。此外，学校应建立健全师德考核监督机制，将师德表现作为教师职称晋升、绩效工资评定的重要依据，营造风清气正的学术氛围。

3. 增强对学生的关爱与服务意识

思政教师不仅要传授知识，更要关心学生的全面发展。他们应成为学生的良师益友，关注学生的日常生活和思想动态，及时发现并帮助学生解决心理问题。思政教师应以高度的责任心和使命感投入到教育工作中，做到爱岗敬业、教书育人、为人师表。同时，学校应鼓励思政教师参与学生活动，加强与学生的沟通交流，建立和谐的师生关系，共同促进学生的健康成长。

4. 培养改革创新精神与实践能力

面对新时代的教育挑战，思政教师应具备改革创新的勇气和实践探索的能力。他们应踊跃投身教育创新实践，积极探索符合学生实际、具有中国特色的思政教育模式。通过引入案例教学、情境模拟、社会实践等多元化教学手段，激发学生的学习兴趣和参与度，提高思政教育的针对性和实效性。同时，思政教师应关注社会热点和现实问题，将理论知识与社会实践相结合，培养学生的社会责任感和使命感。

（三）优化管理制度以强化思政课一体化保障体系

为确保大中小学思政课一体化的顺利推进，构建一支高效、专业的思政教学队伍至关重要。这要求我们在人员选拔、培训以及管理制度上持续完善，以充分发挥思政队伍在保障体系中的核心作用。

1.严格选拔机制，确保队伍质量

必须严把入口关，建立科学的选拔机制。通过公开、公平、公正的笔试、面试等程序，选拔出业务能力强、理论素养高、责任心强、身心健康且热爱思政教育事业的高素质人才。选拔过程应公开透明，结果需经公示无异议后方可正式聘用，确保每位思政教师都是通过公平竞争脱颖而出，为思政队伍注入新鲜血液。

2.强化培训体系，提升队伍素质

新入职的思政教师应接受系统的岗前培训，培训内容应涵盖思政专业知识、心理学、哲学、社会学、文学及计算机网络技术等跨学科知识，以拓宽教师视野，丰富教学内容。同时，应定期组织专题研讨会，分享教学经验，探讨教学规律，促进教师间的交流与合作。此外，还应鼓励并支持思政教师参加高级研修班或攻读更高学位，提升其专业素养和教学能力。通过这一系列培训措施，打造一支业务精湛、学识渊博的思政教学骨干力量。

3.完善管理制度，规范队伍行为

建立健全思政队伍管理制度是保障教学质量、规范教师行为的关键。国家层面应强化教师入职制度的执行力度，确保教师资质符合国家标准；省级与县级教育管理部门应统一组织教师资格考试和资格认定工作，确保选拔程序的公正性和规范性。学校层面则需依据国家及上级部门的规定，制定具体的管理措施和激励机制。一方面通过定期评定优秀思政教师及将考核结果与绩效工资、职称晋升挂钩等方式，激励教师积极投身教学工作；另一方面对于违反师德规范、教学态度不端等行为，应依据规章制度给予严厉惩处，以儆效尤。

4.创新管理机制，激发队伍活力

在完善传统管理制度的同时，还应注重创新管理机制，以激发思政队伍的内在活力。例如，可以设立思政教学创新项目，鼓励教师围绕思政课一体化目标开展教学研究和实践探索；可以建立思政教师工作坊或研究团队，促进教师之间的合作与交流；还可以利用现代信息技术手段，如建立思政教学资源库、开发在线学习平台等，为教师提供便捷的学习资源和交流平台。通过这些创新措施，不仅可以提升思政教学的针对性和实效性，还可以增强教师的归属感和成就感，进一步激发其工作热情和创造力。

三、强化制度保障，构建大中小学思政课一体化的坚实后盾

大中小学思政课一体化的实现，不仅依赖于思想引领与队伍建设，更离不开制度保障的坚实支撑。制度保障作为整个保障体系的核心构件，其重要性不言而喻。它不仅是确保思政课一体化发展方向正确、内容充实的基石，更是推动这一系统工程持续、高效运行的关键。鉴于思政课一体化建设的长期性与复杂性，我们必须建立一套全面、有效、科学且操作性强的制度体系。这套制度应贯穿思政课教学的各个阶段，确保每一个环节都有章可循、有据可依。

（一）构建健全的思政领导体系

思政领导体系是确保思政教育政策有效实施与教学活动更有效开展的基石。因此，当务之急是加强这一体系的制度建设，从国家层面到具体执行层面，全方位提升德育工作的领导效能。

1. 强化党委的核心领导作用

必须坚定不移地加强党委对思政工作的全面领导，这是坚持正确政治方向的根本保证。我们需进一步强化党管宣传、党管意识形态的原则，确保宣传思想工作和意识形态工作始终在党的领导下进行。各级党委需从战略高度出发，深刻认识加强和改进学生思政工作的重大意义，明确"为谁培养人、培养什么人"的核心问题，将这一认识贯穿于办学治校的全过程。同时，应加强对中小学思政工作的重视，提高党委在思政工作中的主导意识、责任意

识和全局意识,为思政工作提供权威性的方向指导和政策支持,解决各阶段思政工作缺乏整体性的问题。

2.提升教育工作部门的统筹协调能力

教育工作部门应积极响应国家要求,科学合理地为学校配置思政教育资源,包括选拔并配备足够数量的高素质思政人员。通过建立学生思政工作领导小组,实现全国范围内学生思政工作的统一规划与布局,从宏观上把握思政教学的总体趋势。此外,还需建立健全的督导机制,定期对学校思政工作进行检查评估,及时发现并解决存在的问题,确保思政工作的持续有效推进。

3.完善党政"一把手"工程制度

党政"一把手"作为学校思政工作的直接负责人,其领导能力对思政工作的成效具有决定性作用。因此,需加强党政"一把手"的思想内容建设,确保他们坚持正确的指导思想,把握社会主义方向,具备坚定的政治信仰。通过制定严格的领导任职制度,包括任职培训、任职锻炼等,提升"一把手"的思政领导能力和工作实效。同时,建立领导交流机制,促进各级领导干部之间的经验分享与相互学习,解决思政工作中的衔接断层和科学管理问题。在选用评聘领导干部时,应坚持德才兼备的原则,选拔出既有高尚品德又具备强烈责任感的优秀领导,确保思政工作在学校层面的有效实施。

(二)构建全面高效的思政教育管理体制

为确保大中小学思政课一体化的顺利实施,需建立一套既系统又具实效、科学规范且操作性强的管理制度体系。这一体系需与党委统一领导、教育部统筹规划及学校有效执行的领导机制紧密配合,形成强大的合力效应。行政管理部门在此过程中扮演着关键角色,需从宏观与微观两个维度出发,精准施策,以最大化制度保障的作用。

1.宏观层面管理

首先,强化对大中小学思政课一体化实施的宏观调控能力,确保整体思政工作方向的正确性和一致性。通过明确学校的思政管理体制框架,审视并优化现有制度,剔除不合理、不完善或操作性差的条款,提升管理制度的科学性与实效性。面对社会变迁和学生思想动态的变化,行政管理部门应敏锐感知时代脉搏，及时调整和完善思政制度，确保其紧跟时代步伐，贴近学生实际，反映社会主流价值观。其次，建立快速反应机制，针对新出现的问题和情况，及时制定新制度加以规范和管理，增强思政规章制度的权威性和执行力。最后，理顺思政教学层次，实现层级管理的清晰化，确保上下级之间的顺畅沟通与有效协作，各层级部门及教师各司其职，共同推进思政教学工作的深入发展。

2. 微观层面管理

在微观层面上，思政行政管理部门应聚焦于思政教师队伍的建设与管理。通过建立和完善教师间的交流与沟通机制，促进不同学段思政教师之间的经验分享与问题探讨，从而提升教师的专业素养和教学能力。同时，制定科学合理的教师考评与检查制度，激励教师积极投入思政工作，确保教学质量与效果。此外，还应重视思政教师科研能力的培养与提升，学校应提供必要的科研支持与经费保障，鼓励教师开展思政教育教学研究，并对优秀成果给予表彰与奖励，以此激发教师的创新精神和研究热情。这一系列微观层面的制度建设，旨在激发思政教师队伍的活力与创造力，为大中小学思政课一体化的深入实施提供坚实的人才保障。

四、加强评价保障

自20世纪80年代以来，我国的教学评价工作逐步发展并日益完善。针对大中小学思政课一体化的特殊需求，构建一套全面、系统的评价体系显得尤为重要。这一评价体系不仅旨在检验和反馈大中小学思政课一体化教学的成效，更是为了精准地指导教学工作的改进，为加强思政课教师队伍的建设提供坚实的数据支撑和决策依据，从而显著提升课程的时效性与针对性。

（一）构建动态适应、科学合理的评价体系

随着社会的持续进步与教育的深入发展，大中小学思政课一体化的评价

体系也需不断进化，以更好地服务于教学改进与师资队伍建设，确保课程的时代性和实效性。为此，我们需构建一个既科学又合理的评价体系，该体系应紧密贴合时代需求，具备动态适应的能力。

首先，评价体系应坚持"以人为本"的核心理念，推动评价主体的多元化发展。从传统的教师单一评价模式转向包含学生、家长、同行专家及社会各界在内的多元评价体系，确保评价视角的全面性和客观性，从而增强评价的科学性和公正性。

其次，评价体系应紧密围绕学生综合思想道德素质的发展目标。随着时代变迁，道德素质的内涵不断丰富，评价体系需与时俱进，既坚守传统德育的精髓，又吸纳新的思想内容、政治观念、心理健康教育和法治教育等元素，形成全面、系统的德育内容体系，以促进学生全面发展。

再次，评价体系应实现量化评价与质化评价的有机结合。在坚持量化评价客观、精确优势的同时，融入质化评价的人文关怀和深度剖析，两者相辅相成，共同提升评价的综合效能。通过量化指标衡量学生思政学习的成效，同时借助质化评价深入了解学生的内心世界和成长需求，为教学改进提供更为全面、深入的依据。

最后，评价体系应注重日常管理与终端管理的结合。在关注学生日常思想行为表现的基础上，加强终端管理，对学生的学习成果进行综合评价。通过及时反馈学生在思政学习过程中出现的新问题、新情况，及时调整教学策略和方法，确保评价体系的时效性和针对性。

（二）构建全面系统的评价体系

为深化大中小学思政课一体化教学，构建一套全面系统且科学合理的评价体系显得尤为关键。这一体系需有效解决当前评价体系中的种种弊端，如评价主体单一、标准模糊、内容偏颇、实施困难及方法单一等问题，以确保评价工作能够有效服务于教学目标与师资队伍建设。

1.实施多元化评价主体策略

首先，应打破教师单一评价的局面，引入学生自评、互评以及学校、社会、家庭等多元评价主体。教师需定期自我反思，接受同行评价，以全面提升教学质量；学生则需在教师指导下，进行自我评价与相互评价，培养自我反思与批判性思维能力。其次，学校、社会和家庭作为重要补充，需共同参与评价过程，形成全面覆盖、多维度的评价体系。

2.丰富全面化的评价内容

摒弃唯分数论，重视学生的全面发展。评价内容应涵盖心理素质、思想品德、德育行为等多个方面，强调过程性评价与形成性评价的重要性。针对不同学段的学生，设计符合其身心发展规律的评价指标，确保评价内容的全面性与发展性。同时，注重评价的连续性，从小学到大学，形成一体化的评价链条，全面记录学生的成长轨迹。

3.建立定量与定性评价相结合的指标体系

为确保评价的客观性与公正性，应构建定量与定性相结合的评价指标体系。通过科学的量化方法，对思想素质、政治素质、道德素质等关键领域进行量化评分，形成直观的数据反馈。同时，运用定性评价方法，对学生的思想、行为、习惯等进行深入剖析，形成综合性的评价结论。两者相辅相成，共同提升评价的科学性与系统性。

4.加强实施评估的可操作性

针对实施评估，需从物质投入与教学方法两个维度入手。一方面加大对思政课一体化教学的物质投入力度，确保教学设备、活动经费等得到有效保障。通过评估物质投入的到位情况与使用效果，监督资源分配的合理性与有效性。另一方面针对不同学段的学生特点，采用多样化的教学方法与评估手段。小学阶段注重言传身教；初高中阶段则强调理论与实践相结合；大学阶段则侧重于自我教育与引导。通过灵活多样的评估方式，提升评价工作的实效性与可操作性。

（三）构建高效即时的反馈机制

在思政课评价体系中，教学过程评价固然占据核心地位，但结果的反馈与利用同样具有举足轻重的价值。为了确保大中小学思政课一体化实施的持续优化与高效推进，最大化发挥评价机制的作用，建立一套全面而高效的反馈机制势在必行。

首先，应针对多元化的评价主体，定制差异化的反馈制度。鉴于评价主体的多样性及其独特视角，需设计个性化的反馈流程。这要求我们在综合考量各主体思想动态、德育水平及思政教学实践的基础上，进行客观深入的分析，精准定位各自存在的问题。通过定期的交流与反馈会议，既肯定其优势，又明确指出改进方向，激励各主体自我反省与成长，实现评价的真正价值。

其次，鉴于思政课内容的广泛性与时代性，必须强化内容评价的反馈环节。在深化思政教学内容过程性评价的同时，应特别关注结果的反馈作用。通过建立内容评价反馈机制，定期对教学内容的实施效果进行审视，从结果中提炼问题，迅速响应并调整教学内容，剔除过时内容，及时纳入新时代背景下的新元素与新要求，确保教学内容的时效性与针对性。

最后，鉴于评价标准的多样性与复杂性，需构建基于不同标准的评价指标反馈系统。采用定性与定量相结合的评价方式，要求我们在分析评价结果时，既要依据具体标准细致分解各项指标，又要通过数据分析权衡各指标的重要性，精准识别不同主体在思政教育中的薄弱环节。这种精细化的反馈制度有助于我们更加有针对性地制定改进措施，促进思政教育质量的全面提升。

五、强化资源保障体系，促进大中小学思政课一体化

在构建大中小学思政课一体化进程中，充分利用和整合社会资源，不仅是提升教育效果的关键，也是保障教育体系科学化的重要举措。通过有效整合与充分利用校内外资源，我们能够打造出一个全方位、立体化的思政教育网络，进一步增强思政教育的实效性和影响力。

（一）深度整合校外思政教育资源

思政教育的深远影响需贯穿个体成长的各个阶段，家庭、学校与社会应携手共进，形成教育合力。家庭作为孩子成长的摇篮，其教育功能不容忽视，父母的示范与言传身教是孩子思想塑造的重要基石。而社会，则是一座

蕴含丰富思政教育资源的宝库，等待着我们去挖掘与利用。

第一，定期组织学生参观红色教育基地和博物馆，通过实地体验与互动学习，让学生在历史的长河中汲取精神养分，树立正确的世界观、人生观和价值观，实现隐性思政教育的有效渗透。

第二，充分利用报纸、杂志、电视广告等媒介的广泛覆盖力和快速传播性，挖掘并宣传社会上的榜样人物和先进事迹，营造积极向上的思政氛围，让学生在日常生活中接受正面引导，实现思政教育的潜移默化。

第三，当前社会良好的思政氛围为教育工作提供了有力支撑。我们应充分利用这一优势，注重对学生进行隐性思政教育，让学生在和谐、进步的社会环境中自然而然地形成正确的道德观念和价值取向。

（二）优化校内外教育资源的无缝对接

校外思政资源虽丰富，但若不能与校内资源有效对接，则难以充分发挥其教育价值。因此，实现校内外资源的有机融合，构建科学合理的育人体系，是我们面临的重要任务。

第一，运用现代科技手段，如互联网、虚拟现实等，将校外思政资源引入校园，与校内教育资源深度融合，形成线上线下相结合的教育模式，提升教育资源的利用效率和教学效果。

第二，通过持续的实践探索与反馈调整，不断优化校内外资源对接机制。在实践中发现问题、解决问题，确保对接工作的有效性和科学性，真正实现教育资源的优化配置和高效利用。

第三，建立健全校外教育工作机制，包括组建专业团队、开发丰富项目、创新运营模式等，确保校外教育资源的有序引入和高效利用。同时，建立科学的评价体系，对校内外资源对接工作进行定期评估与反馈，促进教育体系的不断完善和发展。

参考文献

[1]思想政治工作研究杂志社.讲好新时代大思政课：第2辑[M].北京：人民日报出版社，2023.

[2]王旭东.新时代高校思想政治理论课教学研究[M].哈尔滨：哈尔滨工程大学出版社，2023.

[3]劳家仁.新时代思想政治的理论与实践探究[M].长春：吉林大学出版社，2023.

[4]寇跃灵.高校思想政治教育探索与实践研究[M].北京：北京工业大学出版社，2023.

[5]李亚娜，梁晓倩.三全育人背景下课程思政教学理念与实施路径研究[M].天津：天津社会科学院出版社，2023.

[6]王栋梁.新时代高校网络育人研究[M].长春：吉林大学出版社，2023.

[7]李登万.铸魂育人 润物无声：新时代高校德育工作的理论与实践[M].北京：光明日报出版社，2023.

[8]俞慧文.大中小学思政课一体化建设路径探析：理论与实践[M].上海：上海教育出版社，2022.

[9]张妍.新时代高校实践育人的理论探索与路径创新研究[M].长春：吉林出版集团股份有限公司，2022.

[10]朱汉辰.新时代高校思想政治理论课教学研究[M].延吉：延边大学出版社，2022.

[11]王海滨.育德育人 中小学思政课一体化教学实践研究[M].北京：北京燕山出版社，2022.

[12]黄河，朱珊莹，王毅.高校思政课程实践教学探究[M].长春：吉林大学出版社，2022.

[13]李晓瞳.新时代学校思政课程一体化建设研究[M].长春：吉林大学出版社，2022.

[14]金锋，李正元.高校思政课优质教学资源共享——以西部六省区为例[M].北京：社会科学文献出版社，2022.

[15]姜瑞林，王红向，李志伟.虚拟仿真技术与高校思政课教学改革的深度融合研究[M].长春：吉林大学出版社，2022.

[16]李鸿雁，张雪.高校思政课教学改革与创新研究[M].延吉：延边大学出版社，2022.

[17]许瑞芳等.新时代大中小学思政课一体化建设[M].上海：华东师范大学出版社，2021.

[18]翁铁慧.大中小学课程思政一体化建设的整体构架与实践路径研究[M].北京：人民出版社，2020.

[19]万生更.构建以社会主义核心价值观为引领的大中小幼一体化德育体系研究[M].西安：陕西人民出版社，2020.

[20]赵丹.思政课案例教学的一体化实践[J].思想政治课教学，2024（04）：13-15.

[21]郭亚红.思政课一体化的社会协同育人框架与机制研究[J].思想政治课教学，2024（06）：87-90.

[22]夏文斌.新时代学校思政课建设的根本遵循——学习贯彻习近平总书记关于学校思政课建设的重要指示[J].红旗文稿，2024（10）：9-12.

[23]田婕.多路径促进思政课教学一体化[J].中国教育学刊，2024（04）：104.

[24]焦晓云，代红艳.论大中小学思政课一体化协同机制的构建[J].课程·教材·教法，2024，44（03）：69-74+83.

[25]游运珍，刘莉.以主题教学推进大中小学思政课一体化建设[J].思想政治课教学，2024（01）：17-21.

[26]徐艳国. 以"五个共建"推进大中小学思政课一体化建设[J]. 国家教育行政学院学报，2024（03）：43-48.

[27]李晓东. 大中小学思政课一体化建设如何走向内涵式发展[J]. 人民教育，2024（05）：12-15.

[28]李爱琴，师海娟. 大中小学思政课一体化的价值共创[J]. 思想政治课教学，2023（11）：17-20.

[29]朱新屋. 深入推进习近平文化思想融入思政课："以文化人·数智赋能——习近平文化思想融入大中小学思政课展示与研讨会"综述[J]. 思想战线，2023，49（06）：2+173.

[30]龚虹. 以红色资源赋能思政课一体化建设[J]. 中学政治教学参考，2023（46）：47-48.

[31]胡敏. 大中小学思政课一体化建设的系统性及实践路径[J]. 课程·教材·教法，2023，43（11）：80-86.

[32]吴优，张健华. 统筹推进大中小学思政课有效衔接[J]. 中国高等教育，2023（17）：44-47.

[33]沈壮海，刘灿. 多重视野中的大中小学思政课一体化建设及其突破[J]. 马克思主义与现实，2023（02）：121-130.

[34]尚爻，王向珍，刘芳. 大中小学思想政治教育一体化网络衔接平台建设探析[J]. 学校党建与思想教育，2023（04）：77-79.

[35]周飞妍. 新时代大中小学思政课一体化建设研究[D]. 重庆：西南大学，2023.

[36]陈睿. 新时代大中小学思政课课程内容一体化建设研究[D]. 昆明：云南财经大学，2023.

[37]白若寒. 高中思政课探究式教学优化策略研究[D]. 上海：上海师范大学，2023.

[38]韩小雨. 同课异构助推大中小学思政课教学一体化研究[D]. 漳州：闽南师范大学，2023.

[39]何佳文. 高中思政课议题式教学应用研究[D]. 重庆：西南大学，2023.

[40]冯克克. 大中小学思政课教材内容一体化问题及建设路径研究[D]. 长春：东北师范大学，2023.

[41]袁洁. 大中小学思想政治教育一体化的载体运用研究[D]. 呼和浩特：内蒙古师范大学，2023.

[42]聂子雅. 大中小学思政课一体化建设背景下红色资源运用研究[D]. 南宁：广西民族大学，2023.

[43]汪婷. VR技术融入中学思政课教学案例分析与应用研究[D]. 上海：华东师范大学，2023.

[44]陈海兵. 基于微信公众号思政课数字化教学资源库的建设与应用研究[D]. 南宁：南宁师范大学，2023.

[45]徐华伟. 大中小学思政课一体化协同理路探讨[J]. 中学政治教学参考，2022（31）：9-12.

[46]蔡亮，赵梦天. 大中小学思政课一体化育人实效性探析[J]. 学校党建与思想教育，2022（18）：39-42.

[47]陈磊，徐秦法. 大中小学思政课一体化建设的"段间规律"探寻[J]. 中国大学教学，2022（06）：60-65.

[48]朱彬. 高校思政教育网络资源建设研究[D]. 南昌：南昌大学，2022.

[49]邓清贺. 大中小思政课一体化建设中新媒体应用研究[D]. 长春：长春工业大学，2022.

[50]王港阳. 大中小学思政课一体化主题教学研究[D]. 杭州：浙江大学，2022.

[51]许盼盼. 启发式教学在大中小学思政课中的运用研究[D]. 荆州：长江大学，2022.

[52]张应平. 大中小学思政课内容一体化研究[D]. 长春：东北师范大学，2022.

[53]储悦. 一体化背景下大中小学思政课学段衔接的路径探析[D]. 漳州：闽南师范大学，2022.

[54]陈妍. 新时代大中小学思想政治教育衔接研究[D]. 武汉：华中师范大学，2022.

[55]张莉，徐国锋，吴涯. 思政课教材内容纵向一体化衔接的问题分析[J]. 中学政治教学参考，2022（39）：52-55.

[56]龙彪. 网络教学资源在高中思政课中的运用研究[D]. 岳阳：湖南理工

学院，2021.

[57]陈玮婕. 大中小学思想政治教育内容一体化的实践探索研究[D]. 芜湖：安徽工程大学，2021.

[58]王玉秋. 大中小学思政课内容一体化研究[D]. 无锡：江南大学，2021.

[59]边和平，张琳. 高校思想政治理论课教学载体的功能审视及选择原则[J]. 黑龙江教育（理论与实践），2021（01）：75-79.

[60]耿靖. 大中小学思想政治教育内容一体化研究[D]. 重庆：四川外国语大学，2020.

[61]吕晓霞. 大中小德育一体化保障体系研究[D]. 上海：上海师范大学，2017.